Xiangtu Wenhua Yanjiu

学津清谈
——讲座丛书第三编——

乡土文化研究
（第一辑）

国家图书馆社会教育部　编

国家圖書館出版社

图书在版编目（CIP）数据

乡土文化研究（第一辑）/ 国家图书馆社会教育部编.
—北京：国家图书馆出版社，2013.11

（讲座丛书第三编）

ISBN 978－7－5013－5174－9

Ⅰ.①乡… Ⅱ.①国… Ⅲ.①文化遗产－中国－文集
Ⅳ.①K203－53

中国版本图书馆 CIP 数据核字（2013）第 216059 号

书　　名　乡土文化研究（第一辑）

著　　者　国家图书馆社会教育部　编

责任编辑　许海燕

出版　国家图书馆出版社（100034　北京市西城区文津街 7 号）

　　　（原书目文献出版社，北京图书馆出版社）

发行　010-66114536，　66126153，　66151313，　66175620

　　　66121706（传真），66126156（门市部）

E-mail　btsfxb@ nlc. gov. cn（邮购）

Website　www. nlcpress. com→投稿中心

经销　新华书店

印装　北京华正印刷有限公司

版次　2013 年 11 月第 1 版　2013 年 11 月第 1 次印刷

开本　787×1092（毫米）　1/16

印张　12

字数　200 千字

书号　ISBN 978－7－5013－5174－9

定价　48.00 元

编辑整理：金　龙　曹丽萍　罗林池　李　静　潘常青
　　　　　朱　莺　黄　静
讲座策划：金　龙　曹丽萍　何先进　焦明华　任　蒙
　　　　　肖佐刚　刘双喜　贾　佳　张　熙　谢彦君
　　　　　周　宇　刘炜红
讲座选送单位：国家图书馆　四川省图书馆
　　　　　　　吉林省图书馆　山东省图书馆
　　　　　　　北京市东城区图书馆　广州市图书馆
　　　　　　　西安市图书馆　武汉市图书馆
　　　　　　　长春市图书馆　扬州市图书馆
　　　　　　　九江市图书馆

目 录

舒 乙

解读《发现北京》

主讲人简介：

　　舒乙，北京人，满族，我国著名文学家舒庆春（老舍）之子。中国现代文学馆馆长，研究馆员，博士生导师，北京市第七、八、九届政协委员，全国第九届政协委员，中央文史馆馆员。

我出版过一本书叫《发现北京》，是中国城市出版社出版的，就是把我写的关于北京的故事编辑在一个专门的集子里面。

北京很古老，闻名天下，几乎是尽人皆知，为什么要去发现北京呢？我在序里是这样写的，我说北京现在变得非常大，北京很精，这个精是指有很多很高级的东西；北京很深，就是内涵非常深。所以如果不留意的话，会丧失很多精彩之处，那么要慢慢地去发现，因为多嘛，很容易漏；因为很高级，也不大容易看见；因为很深，也要仔细地去挖掘。所以我定了一个这样的题目叫做"发现北京"。

北　海

《发现北京》的头一篇叫"发现北海"，就是说得比较细了，北海还需要发现吗？北海是北京人经常光顾的一个地方，有的去划船，有的去吃东西，有的上白塔去看北京的全景，有的在那个湖边上散步，有的在湖边上唱歌、跳舞、晨练等等，应该是一个非常熟悉的地方，也用不着发现。后来我就做了这样的解释，我说其实一般的人，大概像我刚才说的那样，只看了北海的5%，95%您没看见，我觉得北海是一个非常好的典型的例子，正好可以解释这个"发现"。我这本书出来以后，曾经送给我很多好朋友让他们看一看，其中有不少位给我打来电话说，我们看了你那一篇"发现北海"以后，感触很多，为什么呢？我们对北海太熟了，少年的时候，年轻的时候就在里头，也是我们谈恋爱的胜地，以后有了孩子还带着孩子去，我们太熟了，但是真像你说的，我们只了解5%，你说的那个95%我们还真的不知道。

北海是中国最好的皇家园林，可惜没有列入世界文化遗产，这是有点奇怪的事。大家知道，北京有6个世界文化遗产，全国的世界文化遗产现在一共是38处。中国真正第一批有一些遗产进入这个名录，大概是1988年，相当的晚，比世界上其他的一些国家要晚很多，所以我们比较吃亏。现在第一名是西班牙，第二名是意大利，中国赶得很快，已经上升为第三名，就还差一名就能进入第二名了，意大利大概现在比咱们多一处，很容易赶上去。所以联合国教科文组织世界遗产委员会，专门针对中国制定了一个条款，就是每年每个国家只能评一项，这个条款是针对中国的，因为中国每年都报好几项，而且从来没有落空过，一报就通过了，所以一下子就上升到第三位了。其他的国家不是这样的，报了以后经过评审很难被通过，很难进入名录。中国由于文物太多，文物的级别非常高，在世界上是出类拔萃的，而且我们准备得也好，报一项就通过一项，所以他们专门制定了这么一个条款。北京有6项被联合国定为世界文化遗产，分别是周口店猿人遗址、故宫、八达岭长城、颐和园、天坛、十三陵皇家陵园。这个里头没有北海，其实按照我个人的想法，北海是具备被评为世界文化遗产的。但是我估计近多少年不可能，因为我看了一下咱们的预备名录，共100项，如果按照现在这个速度，每次就能被批准一项的话要100年，那北海就没有希望了。

预备名录的第一名是大运河，世界上有不少运河被评为世界文化遗产，但是我们的专家由于各种原因没有提出这一项来。到2006年大运河才被专家想起来，后来真正的一调查，运河的问题太大，人家世界上报的那些已经被批准的运河都很短，几十公里，咱们的1000多公里，太长了。而且历史悠久，春秋战国吴王夫差时候就开始了，后来集大成的人是隋炀帝，后来元朝又开通了京杭大运河，历史极其悠久。这么一来的话，就牵扯到很多现在管理的部门，咱们国家行政方面划分很仔细，运河这件事是13个中央的部委在管：水利部、运输部、文物局、文化局、国土资源局、环保、建设部等等，跨越了8个省市，32个大城市，所以这件事太复杂了，比长城要复杂很多倍。长城是个死玩意，运河是活的，现在还在用，而且运输量之大，不可形容，咱们北方是看不见了，北方没水了，北方运河的功能已经完全丧失了，山东济宁以北都没有水了，所以京杭运河的北段被废了。但是济宁以南不得了，就是山东、安徽、江苏、浙江这几个省，运河之繁忙、运输量之大，北方人难以想象。现在大概初步算了一下，每年负担的运输量，相当于三条北京到上海的高速公路，加一条北京到上海的铁路，大概每天有上万条特大的运输船在里头工作，有的时候堵船，疏通一次大概一个多月。好在那些船民就生活在船上，他无所谓，这说明京杭大运河的南段现在非常重要，是活的，运输量很大，对国民经济有着重大的作用和影响。所以这个申请世界文化遗产有大量的工作要做，所以 2006 年以后一直到现在，都在紧张地做准备，虽然预备名单排名第一位，但是不见得马上去申请。我曾经向国家领导人写了一个建议函，就是大运河不要着急去申遗，先结结实实地准备五年，到 2014 年再正式提出来，这个建议被国家领导人批准了。

北海是中国一个了不起的、第一流的、非常辉煌的皇家园林，里头有很多东西值得大家去认真地看一下。你不要浮皮潦草地进正门，即南门。很多人进南门过大桥，围着琼岛转一圈，或者上那个白塔上头，或者沿着东岸走到北岸五龙亭那个地方看一看就算完了，不要这样。一定要去犄角旮旯的那些地方，那个地方的好东西太多了。

比如说你过了大桥朝西走，在还没有到长廊的时候，就开始向山上这一带去里头探幽。第一眼你就会发现墙上有一块很小的石碑，是一篇论文，是乾隆皇帝写的，叫《古井记》。就是他在北海这个小山上，发现一口古井，非常非常的老，我们现在说北京有 800 年的建都史，这口古井就有 800 年了，可惜这块石碑迎着西北风，现在已经模糊不清了。这种石碑碱性比较厉害，现在的空气酸性很厉害，又是酸雨，又是二氧化碳，又是一氧化氮等等，都是比较偏酸性的东西，遇到雨以后，雨水是呈弱酸性的，弱酸性的碰到碱性的东西中和，中和完以后石头表面就酥了，一刮风慢慢地就剥落了，最后字就不清楚了。

乾隆皇帝写这个的时候距离今天大概 250 年，200 年以前基本上没事，好好的，就是最近 50 年，尤其最近 30 年，北京严重污染，那些名胜古迹的石头，特别是北京房山的汉白玉受不了这个，大量地损害，我问了国家文物局的领导说有什么办法加以保护，他非常诚恳地说没有办法，全世界都没有解决石头的风化和保护问题。这个就惨了，因为中国很多文物是石头做的，中国人爱玩石头，外国人爱用石头。欧洲的皇家的宫殿全是用石头砌的，中国的宫殿没有用石头砌的，全是土木结构。木框架，砖头垒，石头作为基础，作为碑刻，作为美丽的装饰，中国人欣赏石头，外国人没有欣赏石头的习惯。但是碰到了这种严重的污染是很大的悲剧。

那么这口古井是什么意思呢？就是 800 年前，以这为首都的契丹人建立了辽国，他们挖的井是供皇帝洗澡的。这口井现在保护得好好的，在专门的一个小房子里面，平常上着锁，不让老百姓看。都说北京有 800 年的建都史，怎么证明？这古井可以证明。大家知道那个时候北京不在现在这个地方，不在北海这个中心，在现在宣武区的西南，当时的北海，包括西直门以内，那个时候都是郊外。当时皇帝在北海那个地方有行宫，他是来玩的，那口井可以证明北京作为都市已经 800 年了，没有问题，这个乾隆皇帝考证得很清楚。到了元朝，真正把北京由宣武门的西南搬到了现在这个地方，元朝的皇帝打下北京之后，画一张图，决定另选一个地方来建首都，建一个特别大的城市——元大都，就把现在的北海，现在的紫禁城故宫设在了最中间。既然皇帝已经住在那了，就在那一带搞了一些皇家的园林，其中就把北海、中海、南海作为皇家园林的一部分收纳到紫禁城里面，那么元朝的皇帝就在现在北海的山上洗澡。那个洗澡的地方就是古井的旁边。你自己可以上山的附近看，会发现有一个皇帝洗澡的池子，这个池子大概有四张桌子这么大，三张桌子宽，石头砌的，露天的，一个龙头进水，一个龙头出水，保持一定的水位。从那个古井打水上来，倒在池子里头，想办法加热，在这洗桑拿，泡温泉，这个很值得一看，这个小池子很精彩。

这个小池子的中间放着 3 块雕刻的很玲珑的山石，在这个小池子的上面，有一个石头的小亭子极其精彩，这个小亭子是石头做的，连亭子顶都是石头的，所有的构件没有一块木头，柱子、基础全是石头，这是乾隆皇帝自己的作品。乾隆皇帝是中国皇帝当中最会做园林的一个专家，他爷爷六次访问江南，他也仿效他爷爷六次访问江南，下江南他重点看园林，把苏州、杭州园林最精彩的东西全都掌握了。其中北海因为离他近，他就把各种园林的要素都放在北海里头。这个小亭子怎么个做法？有八根柱子，每根柱子是八面体，每根柱子分三节，每一面写一句诗。然后上面还有梁，每一根梁上面看不见，底下三面，又是八根，可以题二十几首七言诗。大家知道乾隆皇帝爱做诗，他一辈子做了几万首诗，他的诗实际上就是日记，这个人接受汉文化非常地道，所以他爱做诗，这上面的七言诗都是他写的，我仔细地看了他这些诗，字也是他写的，他这些诗不完全是风花雪月，有非常体贴老百姓的意思，所以我觉得诗的内容也还可以。然后请工匠刻在这个石头上，都是阴文的。这个石头不是汉白玉，估计类似花岗岩，比较结实。这个小亭子有一个非常雅致的名字，也是乾隆皇帝题的，叫"烟云尽态亭"。我在文章里写到，这哪叫小亭子，整个一个中国文化，这个不得了。可惜这个小亭子平时根本没有人知道，地理位置比较隐蔽，当然北海公园也没设置障碍不让你去看，可惜。这小亭子还做成了一种水榭的样子，就是底下有八条腿戳在水里，因此你要进这个亭子还要过桥，两座桥通到这个亭子上，这是世界上最短的桥。每座桥不到半米长，精彩之至。

北海的石头值得大家专门去朝拜一下，北海的地面几乎所有的土都被石头覆盖着，你看不见土，全是石头，这些石头用的全部都是太湖石。大家知道太湖很大，北边属于江苏，南边属于浙江，北边的石头跟南边的石头不完全一样，但是都是观赏石的好材料。宋代的皇帝喜欢这个，北宋的倒数第二个皇帝叫宋徽宗，是大画家、大艺术家、大书法家，但在政治上非常无能。他住在开封的东北方向，因为北宋的首都是开封，按照过去的道教逻辑，东北方向叫艮，艮位就是要建仙山，建大公园，供他休闲玩耍。他派了很多民工，把太湖石挖出来，运到开封的东北方向，堆了一座仙山，叫"艮岳"。所以大家看《水浒传》，生辰纲由南方运石头，就是指这件事。金灭了开封以后没有把开封当首都，搬到北京来，北京是金的首都，这个金的皇帝很有意思，突然想起了艮岳，就命令老百姓把宋徽宗的艮岳搬到北海来。所以现在北海的每一块石头都是开封的，开封的每一块石头都是太湖的。所以大家去逛北海，一定要对这些石头肃然起敬，这是多少劳动人民的血汗运来的。

大家知道太湖石是很有讲究的，讲究瘦、露、透。金的皇帝秉承了宋代皇帝的爱好，就把南方的漂亮的石头运到北京堆在北海。后来到康熙皇帝和乾隆皇帝，又重新摆过一次，因为他们两个人有南方园林的经验，所以他们的艺术水准更高，尤其是乾隆皇帝把琼岛上面的土全部盖满这些石头。这些石头在金朝的时候有一个名词叫"折粮石"，就是你不用再交税了，你就帮我出工，把石头运到北京，折那个赋税，折应该上缴的粮食，所以叫折粮石。乾隆在重新铺的时候，把后山即北坡布置成了叠布，分层的瀑布，这有什么好呢？就是下大雨的时候，由于没有土，所有的雨水都会沿着石头表面下来，形成瀑布。如果是做得好的话就变成叠布，就好像台阶似的这样下来。如果是下大雨，万水奔腾，声音也好听，看上去也非常有气势。所以一定要到北山去看看乾隆皇帝是怎么做的叠布，自己在上头走一走，可惜没有人去走，不知道。

后山底下还有山洞，现在那个山洞开放了，里面还有电灯，要买一张小的门票，由这边钻进去，由那边钻出来，可以去钻一钻，这都是乾隆皇帝做的，都是用好的太湖石做的，上面有各种构筑物，小亭子居多，一个挨着一个，但是他做得很巧妙，中国园林有一个名词叫做"步移景换"，就是移动一下步伐，景致就换了。那些景致都藏在树丛当中、石头当中，一眼还看不透，稍微转个角度就看见了第二个，再转个角度就看见第三个。我刚才说叠布这一块，光亭子大概就有 10 个，每一个都有吟联、对联、匾额，都是乾隆自己写的，造型奇特，很有意思。北海公园的东南角更没有人去了，现在还有皇家的冰窖，皇帝用的龙舟的船坞等等，所以要发现北海。类似这样的精彩的东西非常非常得多，慢慢地去看，慢慢地去发现，你自己绝对会感叹、惊讶、佩服。

石　碑

北京有很多带藏文的石碑，藏文是西藏文，北京距离西藏太远了，怎么会有带藏文的石碑？这是一个非常有意思的课题，所以我就自己做了一些调研，最后我有惊人的发现，就是在北京的 9 个皇家园林里面，发现了 15 块带藏文的石碑，全部是皇帝写的。皇帝的石碑就不得了，它一定有非常高的规格，非常精彩的布置，做工极其精细完美。皇帝的每一篇论文要用汉文、满文、蒙古文和藏文 4 种文字来表达，那么一定要找一块大石头，这块大石头是方的，现在的石碑都是矩形的，长方形的，清朝不一样，清朝把它做成方的。为什么？因为要刻 4 种文字，一面是汉字，一面是满文，一面是蒙古文，一面是藏文。到了康熙乾隆的时候，他们满文都非常好，但是汉文比满文还好，所以他们自己做论文的时候，已经开始用汉文来写作了，然后让大臣翻译成满文、蒙古文、藏文。选一块方形的石头刻上，这块石头大概有 4 米高，有碑盖、碑基，雕上特别美丽的花纹，然后再盖一个御碑亭把它保护起来。那么我在 9 个皇家园林里面发现的 15 块这种东西，直接写西藏的内容大概有 7 块。我随便举一个例子，乾隆皇帝活着的时候，那个时候西藏有两个宗教领袖，一个达赖，一个班禅。八世班禅突然写了一个奏折，就是说乾隆你 70 大寿了，我要给你拜寿，来庆祝，我自己亲自到北京来，你看是不是可以。乾隆皇帝非常高兴，下御旨欢迎，说我在北京等着你。八世班禅带了 3000 人，走了一年零一个月到了承德，那是一个夏天，乾隆皇帝高兴，他本来就注意民族团结，就利用这一年多的时间给他盖了两幢房子，一幢房子在现在的香山公园，盖了一座昭庙，作为八世班禅在北京的度暑假的行宫，是一个西藏式的、喇嘛教式的高级的宫殿。另外还把西黄寺给重修，做他的行宫。然后乾隆趁着这个时间，自己突击学习藏语，八世班禅到北京的时候，他用藏语和他直接对话。大家知道清朝的几个皇帝的文化水平之高是不可形容的，就是乾隆皇帝的爷爷康熙皇帝，精通6门语言，并且精通古希腊文。乾隆皇帝把八世班禅迎到北京以后，真的陪着他到昭庙去开光，让他住在那里面休息，之后他就写了一首歌颂八世班禅的诗，刻了一块四方的碑，立在昭庙里面，这个诗写的极好。乾隆皇帝写诗一般都自己写注解，他怕老百姓不懂。他这首诗里面歌颂八世班禅，说他是到北京来为我祝70大寿的，我非常高兴，这个人很有远见，我给他盖这些行宫也是为了表彰他，也是为了显示我中华之兴黄教也。诗里头说我们和西藏是一家人，生活在一块云彩之下，我们在一起祥和团结。

就在发现这些的时候，我发现北京有很多西藏式的建筑。平常如果你不专门注意不太知道，西藏建筑有它自己的特征，我教给大家四招：第一你要看那个地方的窗户不是方形的，方形的或者长方形的是汉族的，或者是其他民族的，西藏的窗户是梯形的，上头小底下大；第二西藏的房顶不是坡形的，是平的，周围有小的女儿墙，是碉楼式的，碉堡式的；第三如果是坡形的屋脊，屋脊两边有两个兽头是汉式的。藏式的在屋脊上有小的宝塔，一个、三个或者五个，这是藏式的；第四看那个塔的形式，大家知道中国原来没有塔，塔全部都是印度来的。但是塔传到了西藏以后，西藏有西藏的塔的形式，就是藏传佛教有它自己的民族的塔的形式。这个塔的形式是两节，下头那一节是覆钵，上面是一圈一圈的像车轮一样的结构。这个塔的典型代表就是现在北海的白塔。

我按照这样的标准去找北京的藏式建筑，发现很多，因为清朝崇拜喇嘛教，喇嘛教的建筑很多是藏式建筑。就是现在一般的老百姓不太知道，实际上我们平常经常挂在口头上的隆福寺、护国寺这两个著名的大庙是喇嘛教的寺庙。在北海里，过了那座大桥以后，有排楼，排楼直接可以上山去，到白塔那，这居然是一座庙，叫永安寺，是喇嘛庙。过去不是这样，明朝以前没有喇嘛庙，明朝比较喜欢道教，之前的朝代喜欢佛教等。清朝喜欢喇嘛教，所以清朝第一位的不是汉传佛教，是喇嘛教，这几个皇帝并不信喇嘛教，他们还是信自己本民族的萨满教和佛教。他崇尚喇嘛教完全是政治的原因，就是为了团结蒙古人和西藏人，所以崇尚喇嘛教，在北京到处建喇嘛庙。颐和园的前山有万佛阁，翻过山去是一片废墟，原因就是英法联军烧了香山。到了慈禧的时候，她没地方避暑，圆明园完全没法恢复，怎么办？于是挪用了练海军、建海军的费用大修了颐和园，但是毕竟钱不够，她举全国之力只修了前山，后山没动，后山是一片废墟，那个废墟是喇嘛庙，是乾隆建的。改革开放以后颐和园公园自己拿了一点点钱，把废墟的若干部分简单地修理了一下。我赶快写了一篇文章：《北京的西藏建筑是北京的辉煌》。那么这篇文章后来发表在《光明日报》上，两整版，发表时换了名字叫做《见证辉煌》。

雍和宫进门以后第二个进院，有一个大的御碑亭，御碑亭里头有一块四方的碑，这块碑是乾隆皇帝写的一篇论文，题目叫《喇嘛说》，就是说喇嘛教。朝北边的是汉文，就是他自己写的汉文，朝南边的是满文，西边的是藏文，东边的是蒙古文。其中有一句泄漏天机的话，他说我爷爷就是康熙皇帝，把藏传佛教即喇嘛教，由西藏传到了蒙古，从而平定了蒙古各部。这是泄漏天机了，原来蒙古人曾经是满族人最大的敌人。大家知道蒙古人在历史上历来彪悍，不断地从北方压迫中原的汉族，终于有一天征服了整个中国，还一直打到欧洲去，建立了大帝国。后来朱元璋起义推翻了元朝，建立了明朝，建帝都在南京，整个明朝的历史，就是不断地跟蒙古打仗。其中最严重的一件事就是到了明英宗的时候，蒙古人把英宗给俘虏到蒙古去了，所以这个皇帝的弟弟在北京临时继位，所以明朝修明长城是非常有名的，调来一个南方的大将叫戚继光的修长城，包括那个极其险峻的司马台长城都是他修的，为了抵抗谁？与其说是抵抗满族，不如说是抵抗蒙古人。这时候满族崛起了，努尔哈赤起来了，皇太极起来了，攻打明朝，最后当然明朝亡了。满族人进来以后自己觉得最大的敌人不是汉族，汉族非常文明，有悠久的历史，但是软弱无力，他们认为自己最大的威胁是背后的蒙古人，所以后来真正到了康熙皇帝的时候，他想了两招，这两招太厉害了。其中一招就是把西藏的喇嘛教传到蒙古去，让蒙古人信喇嘛教。其实蒙古人的上层统治层早在元朝的时候就信喇嘛教，但是老百姓不信，康熙皇帝让西藏的大喇嘛到蒙古去传教，让普通的蒙古人信喇嘛教，信喇嘛教有一个后果，就是如果你有一个儿子，这个儿子必须去当喇嘛，如果你有两个儿子，其中有一个必须去当喇嘛，于是乎蒙古族这么彪悍的民族从人口上突然减少了，所以蒙古人变得非常少了。他还有第二招，康熙皇帝频频地把公主嫁给蒙古的王爷，所以后来蒙古族和满族亲密无间。

北京还有很多很有意思的石碑，有两块石碑将来大家想办法去看。一个在西黄寺的西边，大红墙圈着，这个地方里头有非常好的东西。我刚才说的八世班禅到了北京以后，乾隆皇帝非常殷切地告诉他，说我这地方有一种危险的疾病叫天花，我爷爷学会了种牛痘可以避免，您种一下牛痘。因为他知道西藏空气特别好，没有各种细菌、杂菌，但是相对来说这样的一个人到了北京抵抗力是不行的，很容易被感染，所以他说你去种一下。老先生没听，他这方面的常识大概不够，一个多月以后得天花死了。那时候这个班禅大概才40多岁，乾隆皇帝着急了，第一这客人是他请来的，第二这人又这么好，真是重大损失，所以就在北京西黄寺旁边替他修了一座非常漂亮的五塔。五塔是印度的东西，释迦牟尼佛去世以后在那个地方建立了世界上第一座五塔。西黄寺这座五塔据专家评议，是世界上所有的五塔当中最精彩、最棒的一座。北京有四座五塔：有五塔寺博物馆，碧云寺有一座，孙中山先生衣冠冢那个地方有一座，玉泉山里头有一座，再就是我说的西黄寺旁边的这座。这座五塔现在保留得非常完好，可惜不开放，大家看不着，我相信将来有朝一日它会开放，因为它实在是太精彩了，这座塔的名字叫"清净化城塔"，浮雕精彩极了，全部都是佛的故事。这座五塔门口挂一块牌子，叫藏语系高级佛学院，培养活佛的地方。

进北海后门沿着北海的北岸走，有一个名胜叫九龙壁，九龙壁对着北边的有一个大门永远锁着，这里头有两个宝贝，一个宝贝是琉璃阁，很高，上头全是小佛爷。后头有一个亭子，亭子里头有一个了不起的石刻，这个石刻叫"七佛塔"，这个七佛塔老百姓没见过，这是一件非常高级的艺术品，是六世班禅给乾隆皇帝的一个七佛像。乾隆皇帝到处打听七佛是什么意思，就光知道释迦牟尼这一个佛，后来好不容易碰见了一个当时的大师，蒙古人，叫章嘉国师，他说在印度，佛教原始的发源地有七个佛，不是一个佛，而现在咱们崇拜的这一位释迦牟尼佛是老七，前头还有六个比他还大，中国人不知道。后来藏传佛教里头把这七个佛的像献给了乾隆皇帝，乾隆皇帝赶快去研究、去请教，最后搞清楚了，就为这七个佛做了一个七佛塔。选了八块石头，一块石头刻一个佛，第八块做一个总序，说明这个七佛是怎么回事。把每一个佛的父亲叫什么，母亲叫什么，是哪个族部的，他自己叫什么，儿子叫什么，大徒弟叫什么，二徒弟叫什么，整个调查好了就都给刻在这个七佛塔上了，所以这七佛塔精彩之极啊，用很细的花纹刻得满满的，石面上全部都是图文。既有很高的文物价值，又有很高的艺术价值，但是绝对不能开放，因为一摸就坏。

我有一次突然发现东城区靠近崇文门的地方有九座非常精彩的中西合璧的小洋楼，就是修北京车站的时候，打通了一条路通到崇文门，就把原来一体的东西隔成南北两边，北边是亚斯立教堂、同仁医院、汇文男中、慕贞女中，过去基督教传教是三位一体的，中间教堂，这边是学校，这边是医院，永远是这样。南边建了九栋小洋楼，给这个地方医院的院长、学校的校长和教堂的神父住，都是外国人住，但是建得很早，我考证了一下，这九座小洋楼是清朝同治年间的建筑物。因此，我下了一个定义，这是中西文化交流留下的一批脚印，而且是北京现代化的第一批东西，所以我觉得应该保留。后来仔细一打听不得了，这九栋小洋楼是美国人设计的，用中国的材料盖的，美国现在专门有本书是记述这九栋小洋楼的，九栋小洋楼的质量非常好，所以后来北京市的领导人住在这，在奥运会之前西客站和北京站之间地下修一条直通的有轨地铁，这栋小洋楼要拆掉，我觉得很可惜，因为有史料价值、文物价值、建筑价值，当然还有人文价值。所以我写了一个政协提案，建议保护这个，最后政府采用了我的意见，对这里进行平移保护，我非常高兴。

感谢大家来听我的讲座，谢谢大家。

演讲时间：2010 年 6 月 6 日

朱祖希

象天设都　法天而治

——试论北京中轴线的文化渊源

主讲人简介：

　　朱祖希，中国民主同盟崇文科技支部主委。1987 年晋升高级工程师，并受聘为北京地理学会理事兼学术委员；北京大学分校客座教授，西北大学、山西大学、山西师大兼职教授；临汾市政府顾问；中国科普作家协会会员和北京科普作家协会会员。著作《营国匠意——古都北京的规划建设及其文化渊源》荣获国家图书馆第四届文津图书奖。

城市，作为人类文明的象征，既是某一地域各文化圈文化能量的集结地，同时也是该地域文化能量的辐射中心。而作为城市最高形式的都城，更是一个国家文化网络的中心。

北京作为社会主义中国的首都，作为中国封建社会最后几个朝代的首都所在地，无论其在文化的博大，抑或是精深，都活现着中华文化的魂魄，流绵着时代特有的神韵，而北京城中轴线就是其集大成者。

当我们在阳光明媚、碧空如洗的日子里，登上景山之巅，站在万春亭中极目四顾的时候，都会看见一幅波澜壮阔、至为壮丽的图景：金光闪烁的紫禁城，在难以胜数的又略呈灰暗、低矮的四合院和苍翠树木的衬托下，构成了一幅华美雄浑的图案。

平面外形呈"凸"字形的北京城，是由北半部的内城和南半部的外城组合而成的。故宫是内城的核心。整个北京城就是围绕着这个中心来部署的——紫禁城、皇城、内城、外城，形成层层拱卫的"回"字形格局。而由南而北贯通全城的便是一根长达7.8公里的轴线。北京独有的壮美秩序，前后起伏、左右对称的整体格局和建筑物的空间分配，都是以这条中轴线为依据展开的。

一、北京城中轴线的形成与发展

"轴"原是指车轴，或是指其他转动着的机件围绕着某一根立轴转动。也有人把平面或立面分成互相对称的两部分的直线，称之为"中轴"。后来，又有人把它引申为"中轴线"。所以，"中轴线"是城市规划师、建筑师在城市规划、建筑设计中常用的一个术语，意为建筑物、

乡土文化研究（第一辑）（9787501351749）

建筑群，乃至整个城市以之为基准的中心线。这根中心线就是我们平常所说的"中轴线"。

北京城从南端的永定门到北面的钟鼓楼，这条贯穿全城的中轴线，就像是一个"合页"中间的"轴"。"中轴突出、两翼对称"是北京城城市格局的最大特色。

我们今天所见到的北京城中轴线，肇始于元，而形成于明。

1260 年，成吉思汗的孙子忽必烈称"汗"，即后来的元世祖。蒙古国

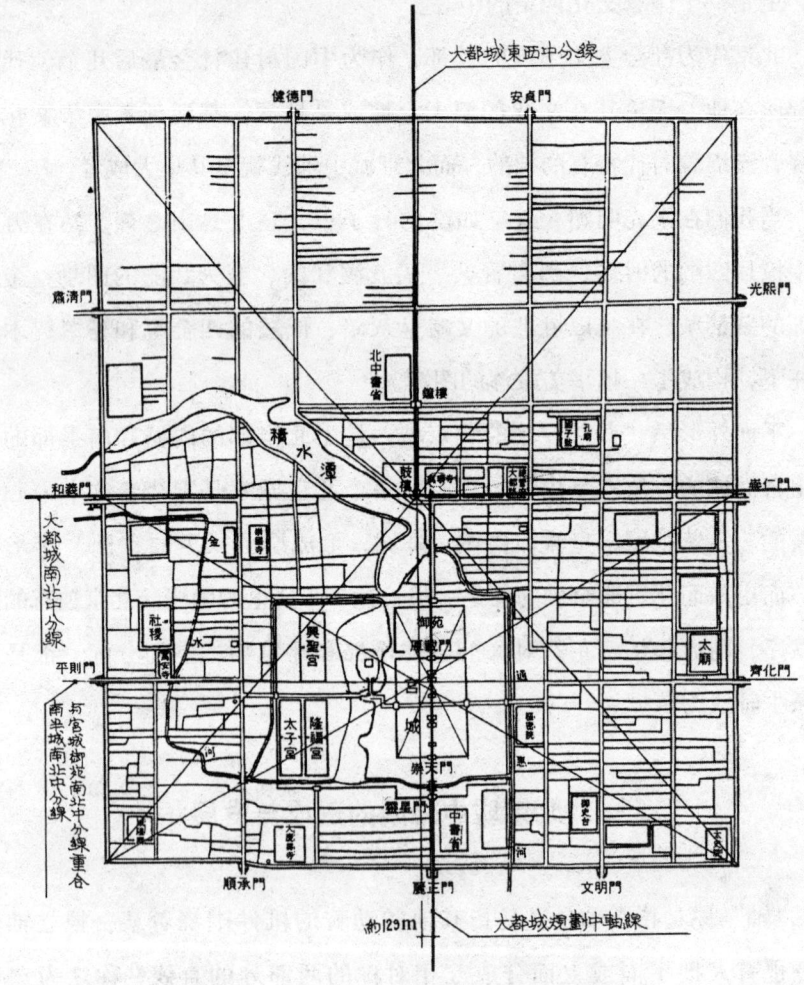

图一　元大都平面图

（引自傅熹年著《中国古代城市规划建筑群布局及建筑设计方法研究》）

都城在开平（今内蒙古自治区多伦附近）。但是，随着政治重心的南移，原燕京的地位也日趋上升。特别是忽必烈胸怀灭亡南宋、统一中国的雄才大略，将其都城南移的愿望也日益强烈。至元三年（1266），忽必烈派刘秉忠来燕京相地。后决定放弃燕京旧城，而在其东北郊以原金代的离宫——大宁宫（琼华岛）为中心兴建新都，即元大都（图一）。

当时，为了把琼华岛周围的天然湖泊全都揽入城内，便确定了以湖泊东延的最远点，即今万宁桥（后门桥）为基准点，形成南北延长的中轴线，即后来从南端的丽正门到中心阁的南半城的中轴线，并把大内（宫城）建于其上，与湖泊两岸的另两组建筑——南面的隆福宫、北面的兴圣宫，形成"三宫鼎峙"的态势。在这条中轴线的北端，即从中心阁往西129米处，又有一条控制北城的中分线，其南端建有钟、鼓楼二楼（这就是后来的旧鼓楼大街）。

明成祖朱棣夺取帝位之后，决定迁都北平。期间虽有拆除元故宫的行动，却继承了元大都城的中轴线，并把钟、鼓二楼迁建到中轴线的北端，在拆毁元朝延春阁的故址上堆砌万岁山（清改称景山）。嘉靖年间增建外城，不仅使北京城的平面格局形成了历史上独一无二的"凸"字形，从而也就形成了南起永定门，北至钟、鼓楼这样一条长达7.8公里的北京城中轴线，并为清代所继承（图二）。

新中国成立之后，定都北京，原先业已存在的中轴线，不仅被全盘地继承下来，而且还有了创造性的发展。其中对天安门广场的改造便是最好的见证（图三）。

天安门广场在历史上曾是封建统治者的宫廷广场。据史书记载，宫廷广场很早已出现在封建帝都的规划建设之中。但是新中国成立之后，天安门广场已经成了人民群众集会的政治性广场，即成了"人民当家做主"、表达人民意愿的标志性广场。旧日封闭性的宫廷广场自然难以满足现实需要。因之，在新中国成立不久，在天安门城楼两侧增建观礼台的同时，原先封闭的宫墙，还有分列于东西两侧的长安左门、长安右门就被相继拆除。1958年5月在广场的中央矗起了高耸的人民英雄纪念碑；

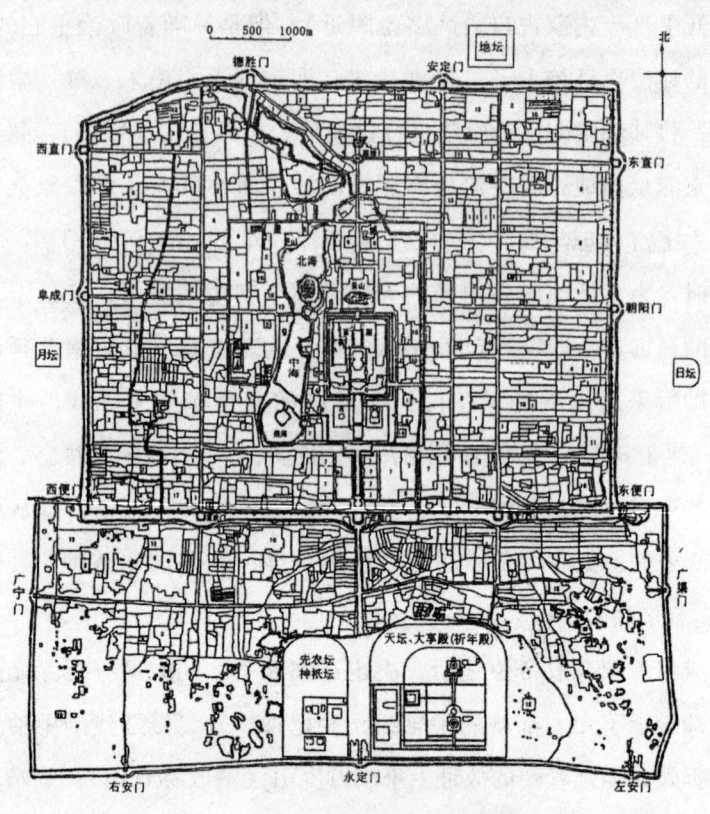

图二　清代北京城平面（乾隆时期）

1. 亲王府；2. 佛寺；3. 道观；4. 清真寺；5. 天主教堂；6. 仓库；7. 衙署；8. 历代帝王庙；9. 满洲堂子；10. 官手工业局及作坊；11. 贡院；12. 八旗营房；13. 文庙、学校；14. 皇史宬（档案库）；15. 马圈；16. 牛圈；17. 驯象所；18. 义地、养育堂

（引自刘敦桢主编《中国古代建筑史》）

　　同年 8 月，党中央、中央人民政府又决定扩建天安门广场，并形成以拓宽东、西长安街为两翼，面积达 40 多公顷的"T"形广场。广场的东、西两侧建起了庄严雄伟、具有民族风格的现代大建筑——人民大会堂、中国革命历史博物馆，从而使广场呈现出了前所未有的磅礴气势。相比之下，紫禁城这座旧日突出于全城中轴线上的古建筑群，虽然仍是那样的金碧辉煌，但已退居到了类似广场"后院"的次要地位。

　　1990 年北京迎来了第 11 届亚运会。当时的亚运村和国际奥林匹克体育中心就修在北京城中轴线的北延长线上。中国科学院院士、历史地理

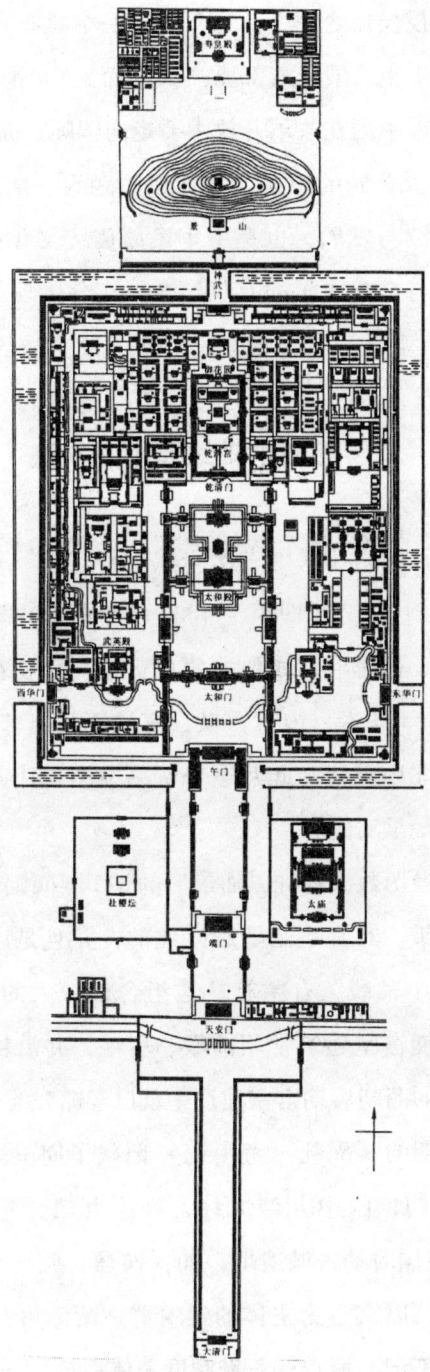

图三　明清北京中轴线

（引自刘敦桢主编《中国古代建筑史》）

学家、北京大学教授侯仁之先生认为，这是一个具有划时代意义的举动。因为它一反中国历史上宫殿建筑都要"面南而王"，中轴线也总是向南发展的传统，它标志着中国在改革开放中要走向国际、面向全世界。

2007年奥林匹克公园的修筑又与亚运村融为一体。它既是北京城中轴线历史文脉的延续与发展，也是中华民族传统文化的延续与发展。奥林匹克公园的选址与古都文脉的有机结合，充分体现了"人文奥运"的理念。

二、都城中轴线演进的轨迹

考古发掘业已证明，在我国古代"城"与"国"往往合为一体，一城即一国。公元前21世纪（即距今4000多年前）中国历史上第一个朝代——夏朝的建立，标志着奴隶制国家的诞生。商初都亳城，建于今河南偃师。其城周长5330米，内有宫城；宫城正门与郭城南门遥相呼应，成为统领全城的南北中轴线。此乃迄今所见中国古代都城规划建设采用中轴线对称布局的最早实例。

商朝的都城曾经历数次迁徙，而最后的273年间则建都于殷，即今河南省安阳小屯村一带。其宫室是陆续兴建的，并且是以单体建筑沿着与子午线大体一致的中轴线，有主有从地组合成较大的建筑群的。或者，在我国封建社会时期宫室建筑常用前殿、后寝，并沿轴线纵深对称布局的方法，在奴隶制的商朝后期宫室建设中就已经略显雏形了。

成书于春秋时期的《周礼·考工记》记载了周王城制度："匠人营国，方九里，旁三门；国中九经九纬，经涂九轨，左祖右社，面朝后市。"现存的春秋战国时期古城遗址，如晋侯马、燕下都、赵邯郸等，都已有了在中轴线上筑以宫室为主体的建筑群，两侧再布以整齐规划的街道，与《周礼·考工记》所载的王城制度大体相符。

汉初所传的《周礼》中还记述了周宫室的外部还有为防御和揭示政令的阙，且设有五门（皋门、应门、路门、库门、雉门）和处理政务的三朝（大朝、外朝、内朝），即所谓的"五门三朝制"。阙，在汉唐时依然使用，后来便逐渐演变成明清两朝的午门。所以，有人认为，"三朝五门制"也被后代附会沿用。

长安城是西汉的首都，是当时中国政治、文化和商业的中心，也是商周以来规模最大的城市。城的东、南、西、北各有三座城门。每门有三个门洞，各宽9米，与《周礼·考工记》所载的，以车轨为标准来定道路的宽度，基本相符。其中贯通全城南北的安门内大街宽约50米，长达5500米。其中央有宽20米的驰道，是专供皇帝出巡的。两侧有排水沟，沟外又有各宽13米的街道。

东汉洛阳城和曹魏的邺城（在安阳东北，漳水之阳）都继承了战国时的传统。建康（今南京）位于长江的东南岸，北接玄武湖，东北依偎在钟山之南。公元317年东晋建都于此，实际上是三国时代吴国建业的旧址。自此历经宋、齐、梁至公元589年陈亡，建康一直是中国南部各朝的都城（图四）。

建康城周长约8900米，南北长、东西略狭窄。南面设三座门，东、西、北各二门。宫城在城的北部，略偏东，正中的太极殿即是朝会正殿，并有大道向南延伸至朱雀门，再跨过秦淮河直抵南部，从而形成了以宫城为中心的南北轴线。

隋唐长安城的规划建设总结了汉末邺城、北魏洛阳城的经验，将太极宫（皇帝听政、居住的所在）和皇城置于全城的北端，承天门、朱雀门与全城的正南门——明德门所形成的宽约150米的中央大道（朱雀大街），即是统领全城的中轴线。然后再以纵横交错的棋盘式道路，将全城划为108个里坊。而其中心部分的布局，则依据左右对称的原则，并附会《周礼》的三朝制度——以宫城的正南门、承天门为大朝，太极殿、西仪殿为日朝和常朝，沿轴线建门、殿数十座。整座城恢弘壮丽、气势磅礴。魏峨的宫殿建于龙首原高地。地形上的居高临下，使皇宫更加显出"皇权至上"的威严气势，也使整座长安城的建筑高低错落，增加了城的立体感，鲜明地表现出了政治主题（图五）。

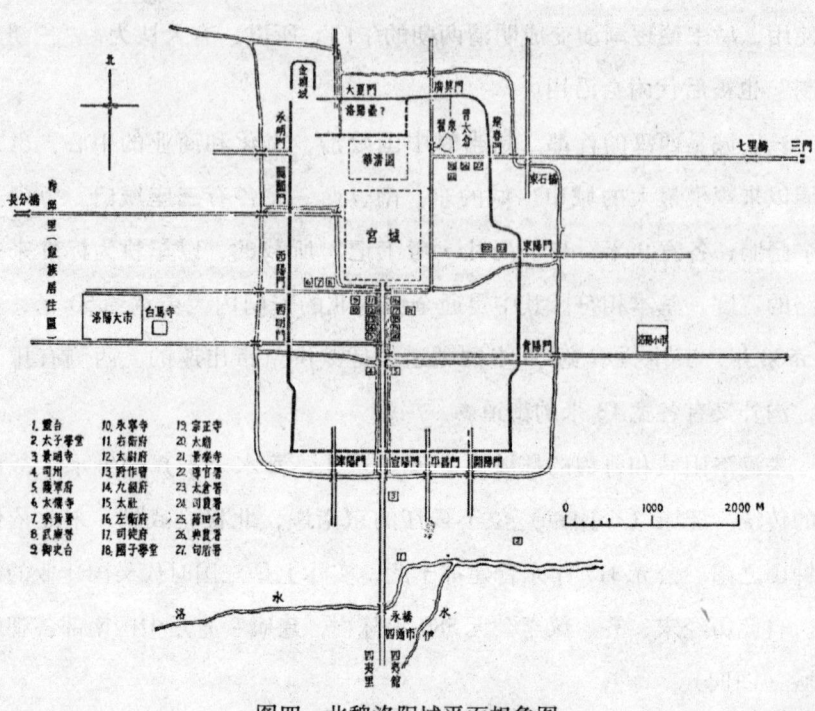

图四　北魏洛阳城平面想象图

（引自刘敦桢主编《中国古代建筑史》）

　　公元 979 年，北宋结束了"五代十国"的分裂局面，建立了统一的中央集权的国家。其都城开封，即东京为我国重要的古都之一。其平面布局、城市面貌等既有对前代的继承，也有其独特的创造，且对后世影响颇大。

　　开封城的平面呈不规则的矩形，南北较长，东西略短。由内到外有三套城墙拱卫：中心为皇城，第二重为里城，最外一重为外城，且均有宽阔的城壕相环绕。尽管这三套城墙、三套护城河是逐渐扩建、相继修筑的，但其宫城居中，层层拱卫的格局，亦为后世所效仿。如金中都城、元大都城都采用了这种布局形式（图六）。

　　整个东京城的平面布局东西两翼虽不呈对称的形式，但其自大内正南门——宣德门，过州桥，直奔里城正南门——朱雀门、外城正南门——南薰门，这条宽达 300 米的御道，显然成了统领全城的中轴线。

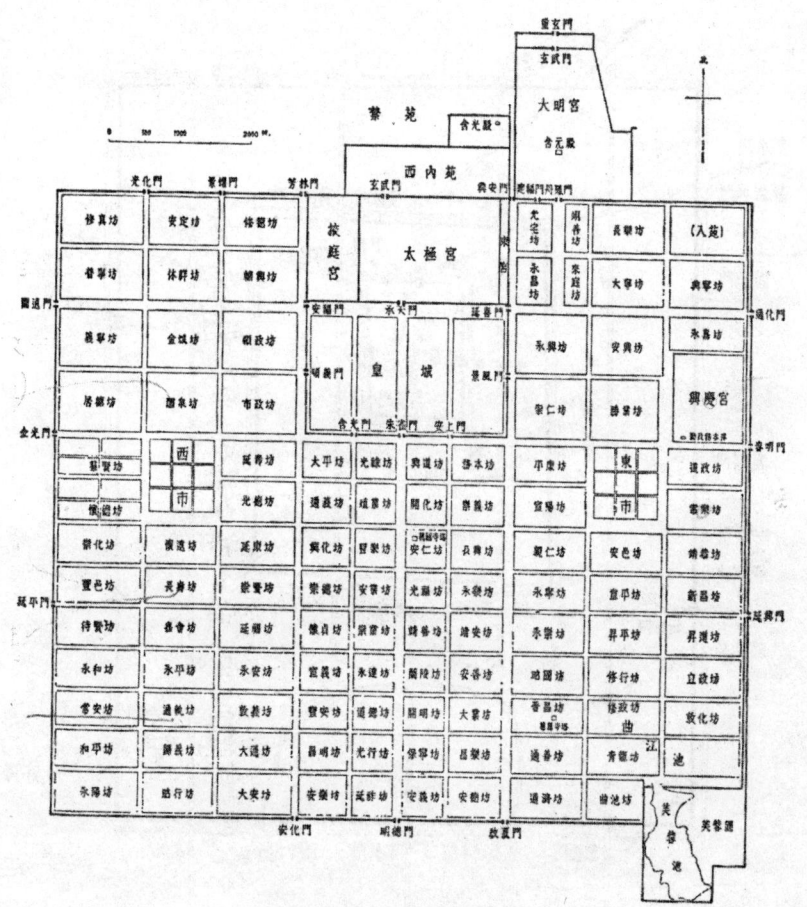

图五　唐长安城复原图

（引自刘敦桢主编《中国古代建筑史》）

公元 12 世纪初，金在占领了辽的陪都——南京城之后，又在天德五年（1153）正式迁都至南京，并扩其东、南、西三面，改称中都城。北京成为一代王朝的首都由是开始。整个中都城的规划建设完全是以北宋汴梁（开封）的制度，将南京城改、扩建而成的。城中有一条南起外廊城的正南门丰宜门，北上过龙津桥，进皇城南门宣阳门、千步廊，进宫城南门应天门、大安门、大安殿、仁政殿，出拱宸门，直达北端的通玄门。从金中都城的复原图可以看出其整体布局在中轴线的东西两侧并不对称，但仍遵循"中轴突出，两翼对称"的原则，并为后世所继承。

元大都城和明清北京城中轴线的形成，已见于前文所述，此处不赘。

乡土文化研究（第一辑）

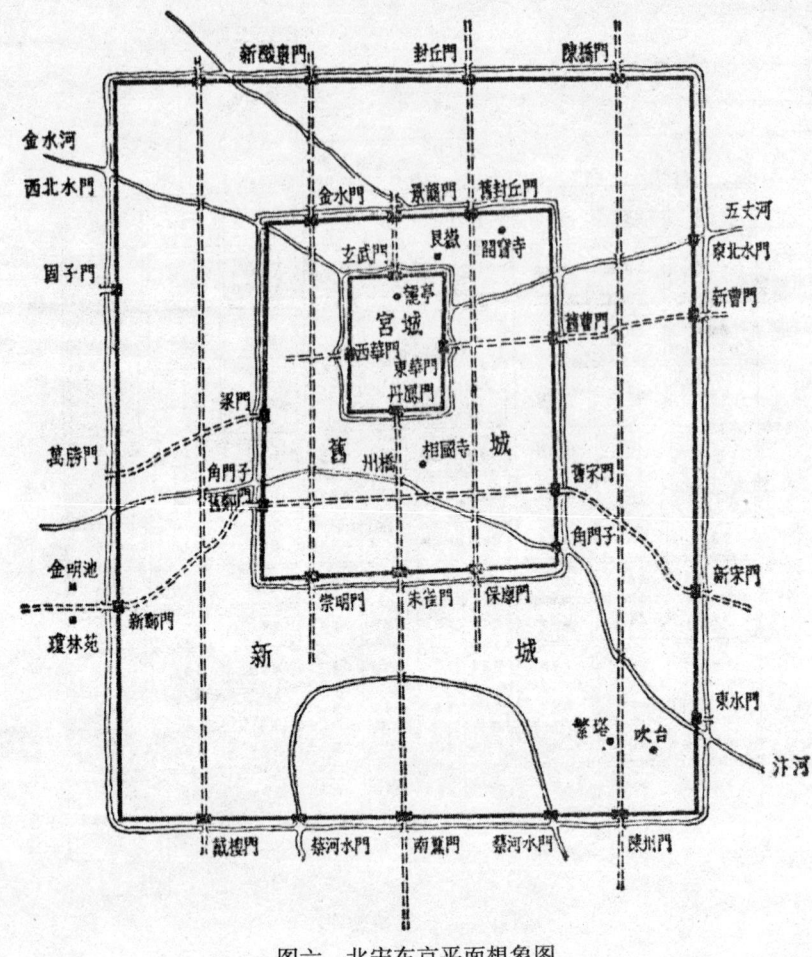

图六　北宋东京平面想象图

（引自刘敦桢主编《中国古代建筑史》）

由上可以清楚地看到，北京中轴线承袭了中国都城规划建设近4000年的历史演进。或者说，我们今天所见到的政治主题鲜明，建筑序列跌宕起伏、错落有致的北京城中轴线，是中国数千年都城中轴线的最后总结，是其集大成者。

三、北京城中轴线的文化渊源

中国作为世界闻名的文明古国，地域辽阔，自然地理条件复杂而多样。各种文化区在中华大地上争妍竞秀，而且常常是互相影响、相互渗透，交织成一幅瑰丽的图景，为后来独特灿烂的中华文明打下了坚实的基础。

中国新石器时代的文化是多元的，但考古研究又证明，中原华夏文化区在中华文明即将诞生之前，便已居于中华大地史前各文化区的核心地位，且奠定了它在未来作为地处北半球中华文明发祥地的坚实基础。

地处北半球的黄河流域强烈地受亚热带季风气候的影响，寒冷而强劲的偏北风，袭击着黄河流域，气候寒冷的冬季要长达数月之久。在夏季则受来自东南温暖而潮湿气流的影响，气候温和，甚至暑热蒸人。因之，房屋建筑面向正南自然是最适宜于人类居住的：北侧封闭，以抵御冬日凛冽的寒风；南侧开设门窗，既便于在冬季接受和煦的阳光，又利于夏日的空气流通。

如前所述，黄河流域最早的宫殿建筑便是背北而面南的。《周礼·天官》说："惟王建国，辨方正位，面南为尊。"《考工记》更明确地提出了王城建设的规划模式："匠人营国，方九里，旁三门；国中九经九纬，经涂九轨，左祖右社，面朝后市。"

在中国的远古时代，"天"似乎一直是一个摸不着、说不清、道不明，而又充满着神秘色彩的东西。由于天的变幻莫测，人世间的祸福、命运完全慑服于自然界的威力，进而敬畏自然，并将大自然降于人间的祸福，归结为某种神的力量。而在宇宙的"众神"之中，又有一个至高无上的主宰者——天帝。这个驾驭宇宙、领袖群伦的超自然的"天帝"，也自然成了中国文化寄寓的精神象征。正因于此，无论是从人的主观角度，抑或是从大自然的客观角度而论，作为以农耕文明为显著特点的华夏大地，从它的原始形态文明开始，便与天结下了不解之缘。而对巍巍苍穹神秘力量的体悟、敬畏，乃至崇拜，又产生了华夏民族文化上某些亘古不变的原型。古人总是把天象的变化与人间的祸福联系起来，认为天象的变化预示着人事的变化和吉凶，乃至国家的兴亡。不仅如此，我们的祖先还从对天穹的观测中形成了这样的一种观念：天界是一个帝星

——北极星为中心，以四象、五宫、二十八宿为主干构成的庞大体系。天帝所居的紫微垣，位居五宫的中央，即"中宫"。满天的星斗都环绕着帝星，犹如臣下奉君，形成拱卫之势。《众星环北极赋》曰："天道恒象，人事或遵。北极足以比圣，众星足以喻臣。紫宸（即紫微宫）岂惟大邦是控，临朝御众而已。"

所以，自古以来中国历代帝王都自诩为天帝的"元子"，其所做的一切都是"奉天承运"。而中国的政体又是以北天区为原型的文化物——中央集权于皇帝一身，郡县对中央形成拱极之势。"象天设都，法天而治"，即寻求"象征物"（建筑物，乃至建筑群）与"存在物"（想象中的天体世界）的物物相对。诚如《三辅黄图》所说："苍龙、白虎、朱雀、玄武，天之四灵，以征四方，王者制宫阙殿阁取法焉。"皇帝所居的宫城必定要效法于天帝，居于"天中"的紫微宫，即中宫。在"地中"（"土中"）修筑紫禁城。而在其正南一面则要辟出一条通向皇帝宝座的御道，即"通天之路"（亦称"天街"）。

这个自周秦以来，尤其是自隋唐以来长期延续的基本定式，即以皇宫为中心并将主要建筑物部署在中轴线上，左右取得均衡对称，再加上高低起伏变化，体现出一个在空间布局上最大限度地突出"普天之下，唯我独尊"的大一统思想。

明清北京城的建设，不仅传承了元大都城的中轴线，而且效法明南京城，在表现手法上显得更为灵活。

譬如，在紫禁城的北面，用拆毁元代故宫的房渣土和挖掘筒子河的渣土，在元代后宫的延春阁上堆起了一座高40余米的土山。这座在中国风水理论上所谓的"镇山"，与奉天门（即今太和门）前的内金水河形成了"背山面水"的格局，又命名为"万岁山"。这座人工堆砌的小山，异峰突起于北京小平原上，成为北京城中"君临天下，皇权至上"极为鲜明的标志。与此同时，又将原位于旧鼓楼大街上的钟、鼓二楼，移到"万岁山"的北面，作为整个中轴线的终结。钟、鼓二楼原是京城的报时中心，自然也是全国的"标准时间"，从而也就更加突出了"大明江山一统天下"的政治涵义。

明北京城为清朝所承袭。清康熙四十八年（1709），曾将贯通北京城的南北中轴线确定为天文、地理意义上的"本初子午线"即零度线。这实际上是在天文和地理意义上，重申古代中国以本土作为世界中心的理念。它比1884年国际会议确定通过的以"英国格林尼治天文台的经线作为本初子午线"要早175年。

至于有关北京城中轴线存在有偏离子午线的现象，实际是指南针本身就存在的磁偏角。对此，我国古代的天文学家也早已有所察觉。宋初，供职于司天监的天文学家杨惟德就曾在进献皇帝的《茔原总录》一书中说道："取丙午、壬子之间是天地中，得南北之正也。"

总之，我们中华先祖的天文崇拜、象天设都，即在宇宙，"天"为至尊；在人世，"君"为至尊，乃是形成"天子居中、层层拱卫"理念的本源。作为中国文化观念的原型，它制约并影响着政治和哲学的观念，塑造着"天人合一，君权神授"的文化特色，并仿照北极独尊的格局，模拟以北极为中心的天国秩序。"王者如居天下之中"——"地中"，建成一个大一统的国家体制。而"君临天下，面南为尊"，则是我们位居北半球这一地理位置的先祖崇拜北极的产物，原本是宫殿前面圣的御道，经过数千年的演绎，最终成为贯通都城南北、统领全城的中轴线。

乡土文化研究（第一辑）

参考文献：

[1] 梁思成：《梁思成文集》，中国建筑工业出版社，1991年。

[2] 侯仁之：《历史地理学的理论与实践》，上海人民出版社，1979年。

[3] 侯仁之、金涛：《北京史话》，上海人民出版社，1980年。

[4] 侯仁之主编：《北京历史地图集》，北京出版社，1988年。

[5] 刘敦桢主编：《中国古代建筑史》，中国建筑工业出版社，1984年。

[6] 杨宽：《中国古代都城制度史研究》，上海古籍出版社，1993年。

[7] 陈江风：《天文崇拜与文化交融》，河南人民出版社，1994年。

[8] 王子林：《紫禁城风水》，紫禁城出版社，2005年。

[9] 朱祖希：《营国匠意——古都北京的规划建设及其文化渊源》，中华书局，

2002 年。

[10] 朱祖希：《古都北京》，北京工业大学出版社，2007 年。

演讲时间：2011 年 3 月 27 日

周　郢

读泰山：文化长卷　历史石书

主讲人简介：

周郢，泰山学院副研究员。主要从事泰山历史与文献研究，至今已出版《泰山志校证》《泰山与中华文化》《明代名臣萧大亨》《羊姓史话》等著作10余种，在《文学遗产》《古籍整理研究学刊》《当代韩国》《故宫文物月刊》《红楼梦学刊》等学术刊物发表论文200余篇。其《泰山志校证》一书先后获全国优秀古籍图书与山东省社科成果二等奖。曾应邀在北京大学及韩国国立庆尚大学讲学。先后被评为"泰安市专业技术拔尖人才"及"151岱下英才"。

今天，非常有幸来到蕴藏中华文献的知识宝库和最高殿堂——国家图书馆，与诸位一同交流地域文化的话题。在这座知识宝库与文化殿堂之中，我要郑重向大家推荐一本书——首先这本书很厚，它的厚度是1532米；其次这本书很大，它的开本是426平方公里；同时这本书又很古，从它问世到现在，已经经历了25亿年。说到这里，您肯定已经知道了这本书的名字——"泰山"。

是的，泰山不仅是一座山，同时也是一部天壤间的大书。古人把它称作是一部"石书"，现代作家也把它比作是一部"文化长卷"。今天我便试着与大家共同展读一下这部大书，共同领略一下书中的历史底蕴、夺人风神。

那么，这部大书从何读起呢？就让我们从泰山之名和封禅之礼读起吧。

一、封禅之山

我们说泰山，首先要说泰山之名，泰山这个名字是什么意思呢？其实它最初的意思很简单，意思就是大山。因为当时生活在东方的先民们的活动范围有限，他们看到眼前的这座大山，不仅认为是天下最大的山，甚至还认为它是天下最中央、最美的山，《十三经》中有本书叫《尔雅》，《尔雅》有"中有岱岳"的说法，后来《淮南子》中也有"中央之美者曰岱岳"，岱岳是泰山的另一个名称了，他们认为泰山不仅是天下最中，甚至是天下最美的那座山。

不过接下来，先民的活动范围不断地扩大，他们发现像这样的大山还有很多座，那么如何再凸现他们心目中这座大山的地位呢？先民很聪明，就在大小的"大"底下加上了一个点，于是就变成了太阳的"太"，这个太字按照古人的解释什么意思呢？大中之大。大山中的大山，那么就赋予了这座山不同于其他大山的一种崇高地位了。接下来，先民活动范围又不断地扩大，从东方走向中原，从中原又走向四裔。那么发现像这样大山中的大山还有很多座，像嵩山、像华山，那些山不也是大山中的大山吗？那如何再凸现他们面前这座心中最崇高、最神圣的山的地位呢？于是第三个字出现了，这就是我们今天用的泰山的"泰"字，这个泰字按照古人的解释可不一般，它什么意思呢？大中之极，大山中的最神圣、最崇高之山，这就赋予了这座山高不可即、尊贵无价的这么一种神圣的含义。

这里就有一个问题了。我们中国的名山大岳这么多，为什么最后荣膺泰山这个美号的不是其他的山，不是西岳，不是南岳，而为什么独独会是我们的东岳呢？如果追溯这个问题，那就要从上古先秦时期的一个神秘的典礼说起，这个神秘的典礼就是封禅。

什么是封禅呢？我们今天工作学习一段之后，都要向领导或者老师，做一个工作总结，或者叫述职报告，古代的君王他们也是有领导的，他们的领导是谁啊？它有两个，一个是上天，一个是后土，也就是大地。古代的君王在取得施政成就的时候，国泰民安、天下太平，那么他也要向上天汇报他治理的成绩，这个汇报的地点，述职报告的地点可不一般，他要选一个上能沟通天、下能连通地的地方，这种地方古人的心目中只有一处，那就是沟通天地、气通帝座的东岳泰山，正是这个原因，在古人的心中泰山就成了一个封禅神秘的地点。

古人的观念中认为泰山上能通天，下连接地。至今我们在泰山顶上可以看到一个很大的石刻，上面刻着"气通帝座"，就是说你站在泰山顶上，你的呼吸就可以直接到达天帝的宝座之下。同时认为，泰山脚下的小山是大地之主，所以也叫社首，就是大地之首的意思。所以古代帝王在泰山之巅，筑坛可以祭天，在泰山下面的小山筑坛以祭地，就是封禅大典。

据说上古时"封泰山禅梁父者七十二家"，这仅是传说。第一个把它推上真实政治舞台的，那就要归功于秦始皇帝。在公元前219年，秦始皇统一中国之后，他就从首都咸阳率领群臣，不远千里到泰山，举行了有史以来第一次封禅大典，在泰山树立了《秦刻石》，在泰山树立了《无字碑》，留下了非常多的历史遗迹。这个事件对后世有着非常深远的影响，郭沫若先生就说：历代帝王封禅泰山，也就是向泰山朝拜。既然皇帝都朝拜泰山了，那天下谁还敢藐视泰山呢？所以从秦始皇开始，泰山就变成了历代正统王朝认定的唯一的皇帝封禅山。从秦始皇之后，又有汉武帝、汉光武帝、唐高宗、唐玄宗、宋真宗五位帝王来到泰山，举行封禅大典，所以泰山就成了封禅圣山，声名显赫，超越了中国境内所有的名山大岳。

总结一下，在秦代泰山成了皇帝封禅山。

二、五岳之尊

那么，汉代又会如何呢？

讲这个话题之前，首先有一个小小的问题同大家交流，泰山上古代的石刻非常多，仅泰山的主峰就有1800处石刻，那么最有影响力的泰山石刻，大家认为是哪一方呢？有时可能认为是《纪泰山铭》，有时可能认为是《经石峪》，也许有的认为是《秦刻石》，但是在我们今天影响最大的泰山石刻，还不是这几方，可以给大家提醒一下，此时此刻大家几乎都带着这个石刻的图案。如果您带钱包的话，请看五块钱人民币背面的图案，上面就印着"五岳独尊"这个石刻的图形，所以我们今天最为熟知、影响最大，成为泰山标志的石刻，就是泰山极顶上的这一方"五岳独尊"。

我们说到这个石刻，首先要讲到什么是五岳，那么什么是"岳"呀？按照古文字学的解释："山之尊者曰岳。"中国古代是一个等级社会，不仅仅人是分为等级的，山也分为等级的。山分为什么等级呢？一般的就叫做山，再高一等的叫镇，再高一等的才是岳，那么这样的最高级的山，也就是岳。那这样的岳一共有几座呢？我们今天肯定随口就可以回答，五座，五岳嘛。但最早还不是五岳，最早是四岳，这个四岳的由来也是源于上古的一种传说。传说中尧、舜、禹中的大舜，每隔一段时间，都要遍巡天下——东巡、西巡、南巡、北巡，那么他东方到哪儿呢？西方到哪儿呢？他都是选择一座山作为巡狩天下的一个标志。像东巡吧，他就以东方的那座高山作为到达地点，西巡就选择西方那座高山，同样南巡北巡也是这个道理，这就是它四巡的地方。这四座山由于是大舜帝巡狩所至，它的地位就拔出众山，非同一般了。东方巡狩的那座山就被尊称为东岳，西巡称为西岳，南巡称为南岳，北巡就称为北岳。同时这四大岳又形成了一个华夏文明区的一个地理标志，也就是说，只有在四岳之内的这个地区是华夏文明的核心区，由于四岳承载了这么一个象征意义，它就被世人所尊崇，它的地位也变得神圣神奇了。

到了秦汉之后，由于五方观念的形成，东、西、南、北、中这种观念在人们心中根深蒂固，四岳也由此变成了五岳，增加了一个中岳。秦汉时代特别是汉代，皇帝都非常重视用五岳来尊崇君权。皇帝的权威怎么体现呢？就是五岳都在皇帝的直接统治范围之内，这个王朝才被认为是正统，这个皇帝才被认为是伟大。所以他们非常注重用五岳来增重君权。像汉武帝他就曾经遍巡五岳，他的曾孙汉宣帝更用国家诏令——也就是今天说的红头文件的形式明确规定了五岳的名称，这样"五岳"就永远地铭刻在中华的文化史之中。

那么我们刚才说，古代的中国是一个等级礼法的社会。所有的东西都是讲究等级的，山是分为山、镇、岳，那么岳也是有等级的。这五岳崇高，但是五岳之中有哪个岳来居首呢？哪个岳作为五岳的班长呢？我们今天肯定都知道五岳之尊是指的泰山，五岳独尊，但是这里面还是有一个问题，按照我们现在的观念，东、西、南、北、中，中应该是最高的，中央应该是最大的，那为什么在五岳的排名中没有选择中岳嵩山，而独独选择了东岳泰山呢？是不是很有趣？这个观念其实和汉代流行的五行观念有密切的关系，因为在五行的观念中，东方对应的颜色是青色，它的德是木德，它对应的还是什么呢，还是一个春天，由此推演东方代表的是一个人的生命之始，主生，同时是一年的轮回之始，象征一个家族的兴起之始。同时还象征一个王朝的兴起之始，由于这些当时人的理念，东方就在五方中变得最为尊重，最为崇高。也由于这个原因，在五岳之中，东岳泰山的地位就拔起于其他四岳，开始被认为是五岳之长、五岳之尊。

说泰山是五岳之长有没有确实的证据呢？有。我们刚才不是讲到汉武帝曾经遍巡五岳吗？汉武帝不但去过东、西、南、北四岳，而且还去过中岳，在中岳上还流传下一个至今大家耳熟能详的典故"山呼万岁"。他到嵩山之上听到有人三次高呼万岁，他就问前面的人是你们喊的吗？前面的人说没有。问后面的侍从，后面的侍从说我们没喊。结果汉武帝就说噢，我知道了，这是嵩山之神在迎接我，于是就留下"山呼万岁"这个著名的典故。汉武帝非常重视中岳，但是他更为重视泰山，泰山他一共去过几次呢？一共去过8次，而且每一次都要举行封禅大典，创下了中国历史上帝王封禅泰山的一个最高纪录。汉武帝不仅到泰山多次封禅，而且还专为泰山设置了一个城市，这个城市就是今天我们泰安市的前身，可见汉武帝对泰山的尊崇是非常的崇高的。

我们刚才讲到，汉武帝的曾孙汉宣帝以红头文件国家诏令的形式明确了五岳的名称，他同时明确的还有五岳的排名和五岳的祭祀规格。在他确定的五岳排名中，泰山名列第一，首先列的就是东岳泰山，然后在祭祀上，泰山每年祭祀5次。而其他的岳每年只祭祀3次，明显地拉开了档次。这样经过朝廷的认定，泰山就在西汉王朝时期变成了天下公认的五岳之长、五岳之尊、五岳之首。所以我们今天看到人民币上的"五岳独尊"，如果追溯这种文化观念，就是直接从汉代开始的。所以我们总结一句，就是"汉代，泰山成了五岳独尊山"。

三、帝王之山

好，下面我再讲"帝王之山"。泰山怎么成的帝王山呢？这首先需要从泰山神的人格化讲起——

泰山崇拜最早来源于先民的自然崇拜，那时的泰山还仅仅是一座颇有灵异的大山。但汉魏以后，因受佛教偶像崇拜的影响，泰山也日渐人格化，渐渐地泰山就变成了一位朗眉长髯、冠冕威严的官员神。他不但有着人的形象，还有着人的家庭，有的书上说他有五个儿子、一个女儿。泰山既然化身为人，那么他就应该有相应的品级、服饰和宫室，于是在魏晋时期，人们给泰山神封了一个官称叫做"泰山府君"，府君系时人对太守的尊称，泰山既被称为府君，其级别便大约相当于现在的"正厅级"了。

唐明皇封禅泰山后，为了感谢泰山神护佑之功，便对其爵位进行加封。大概他觉得泰山神级别太低，与其神山地位不配，便破格将其提拔，将泰山封为"天齐王"，也就是与上天平起平坐的国王。大家知道，从秦朝之后，"王"就成为仅次于皇帝的最高封爵，如用今天的官制比附，那就是"副国级"干部。后来小说《西游记》中孙悟空自号为"齐天大圣"，便是从"天齐王"这个封号上引申而来。所以说泰山神在唐代一跃变成了山岳中的"国王山"。

从此泰山神的官运亨通，到了宋代，他进一步被提升为"皇帝山"。宋真宗举行封禅后，为了显示他比唐玄宗更热爱、更尊崇泰山，就下诏把泰山神的级别又提了一级，将"天齐王"升格为"天齐仁圣帝"，这下"副国级"变成了"正国级"。并下令按照皇宫的规格来修建泰山的岱庙。由此泰山封号达到了人间封爵的最高级别，泰山成了名副其实的"皇帝山"。

宋真宗把泰山神的级别加封到了顶点，却给后来的帝王出了个大难题：看他们怎么再给泰山神来加封晋爵——

在这个问题上，元、明、清三代帝王真是各显其能。

元朝是"累层加码法"，元世祖忽必烈想，比皇帝"职称"更高的，恐怕只有"大皇帝"了，三国时期孙吴、孙权就被称为吴大帝，后世把汉武帝称作汉武大帝，这都是非凡的皇帝、伟大的皇帝，皇帝中的极品。所以他就给泰山神加了一个新的封号，这封号七个字"天齐大生仁圣帝"，突出了一个"大"字，后来民间都把泰山称作是"东岳大帝"，便是从元朝的这个封号上来的。

元朝把泰山神的封号加成了"大帝"，那接下来明朝怎么办啊！明太祖朱元璋面对此项难题，用的是"脑筋急转法"，他想：在人间只有上级才能提升下级啊，你加封泰山神，这不是把自己置于山神之上了吗？这怎么行啊！于是朱元璋宣称：泰山神只受命于天帝，其封号不是人间的君王所能加封，他下诏撤去历代加封给泰山神的国王皇帝头衔，只称他是东岳泰山之神。有的学者认为，明代的泰山已不是国王皇帝山，其神圣地位已经大大降低，我却不这样看，我觉得去掉这些封号以后，泰山神从人间皇帝的下属，变成了人间皇帝的上级，至少是平级，其地位不是下降，而是提升，虽然没有了帝号，却变得更加神秘、尊严了。所以我说明朝的泰山是一座"无冕的皇帝山"。

清代的皇帝则是"身体力行法"，以实际行动来把泰山的尊崇推向了高潮。明朝的皇帝虽然已将泰山高高捧起，但并没有哪个皇帝曾来泰山向山神亲自叩拜。而清朝的康熙帝不但来了泰山，还作出了一个惊世骇俗的举动，他来到泰山神面前时，两次跪倒，六次叩头，这叫做"两跪六叩"，是用一种仅次于祭天的大礼来叩拜泰山。这番叩拜其实不同一般，为什么说不同一般呢，因为历来叩拜泰山的皇帝大都是汉族人，可是康熙皇帝是什么族呢？他是满族人，满族信奉的并不是泰山，满族也是有神山崇拜的，但是它是崇拜长白山。长白山被满族认为是"皇清亿万年发祥圣山"，他们是崇拜长白山的。而且在明末，明清战争之中，清军打到泰山的时候，是把封禅坛的碑推倒在地，插上八旗军的旗帜，表达一个什么理念呢？你们中原的保护神已经被我们清军推翻在地。可是现在时移世易，清朝已经入主中原，康熙帝为了表达清朝已经是中原王朝的后继者，而不是一个少数民族的入侵政权，所以他面对威严神圣的中原崇拜的泰山神的时候，拜倒在地。用他的亲身两跪六叩传达了一个政治的信息。这就是满汉一视及对中原文化的认同。所以有清史学家把康熙祭泰山与康熙皇帝南巡祭孝陵、祭禹陵、祭孔子合称南巡四大祭，认为这是展示了清朝国策改变的一个政治信号和尊崇汉文化的政治姿态，可以说这是一个非常重要的历史文化事件。

康熙不仅两跪六叩，而且不仅来了一次，他先后到泰山叩拜三次，每一次都是用两跪六叩的大礼来祭拜泰山。他的孙子乾隆皇帝的热情更远远高于他的祖父，康熙不是来了三次吗，乾隆来了几次呢？乾隆来了十次，而且六次登上了泰山极顶，如果我们要颁发一个登泰山帝王组的奥运金牌的话，我想肯定这金牌得主是乾隆皇帝。乾隆每一次到泰山都是遵循他祖父定下的规矩，两跪六叩来朝拜泰山神，如果你查清宫档案，如果你查《清史稿》，查《清实录》都是这样记录的。可是我在研究泰山文献的过程中，有一个新的发现，就是乾隆皇帝在他最后一次祭祀岱庙，最后一次叩拜泰山神时，其实已经用了三跪九叩的大礼。那有证据吗？有证据。乾隆皇帝在岱庙题写的一通诗碑，其中有两句诗十个字是这么写的："九叩申虔谢，八旬实罕逢！"这句诗什么意思呢？我用三跪九叩的大礼，来叩拜泰山神，为什么要叩拜他呢？因为80岁高龄的皇帝，还能亲自来祭拜泰山，古往今来的历史上从来没有过。那一年是乾隆五十五年，他正好是80岁，为了由衷地表达对泰山神的这种崇拜，对泰山神的感谢，他最后一次祭祀泰山的时候，已经把祭祀泰山的规格从两跪六叩提升到三跪九叩，不仅创下了历代帝王朝拜泰山的最高纪录，也使得泰山神的崇祀达到了顶峰。所以我说清代的泰山成了"比皇帝还皇帝"的山。

泰山不仅有男皇帝，还有一位女皇帝——与上面所述东岳大帝信仰双峰并峙的，还有对于碧霞元君的崇拜。碧霞元君最早称为泰山玉女，源头可追溯到东汉时期。宋真宗封禅时，在岱顶玉女池"新玉女之像"，立龛以祀，推动了此一信仰的传播。不久泰山之巅便有了奉祀女神的玉女祠——即后来的碧霞祠。到了金元之时渐行于民间，至明开始为其神加碧霞元君封号，其影响力渐渐超过泰山神，大有取代之势。由于较之泰山正神，碧霞元君身上更具人间情味，因此赢得上至皇室、下至黎庶的尊信。一时出现了"自碧霞宫兴，而世之香火东岳者咸奔走元君"的局面。其神威赫然凌驾于岳帝之上。也就是在此时，元君庙祀由泰山渐向周边传播，由京师，而北方，而江南，渐成为普及全国的民俗信仰。北中国为数甚多的泰山娘娘行祠——亦称泰山行宫、元君庙、娘娘庙等，几与泰山神的东岳庙相抗衡。形成了"南妈祖，北碧霞"的信仰格局。

通观泰山在五千年的历史变迁，其从"天下大山"、"五岳首山"直到"帝王之山"，可以说在各个历史时段，泰山无不占有显赫的位置。泰山与国家政权关系之密、历史延续之长、朝野影响之大，确乎是中国其他名山大岳难以比肩的。

四、华夏之魂

泰山除去它的历史之久、信仰之广、影响之大之外，更重要的一点，乃是泰山与中华民族情感、民族意志和民族心理的形成息息相关。用杨辛先生的话说便是"华夏之魂"。那么，"泰山精神"有哪些，为什么说她是中华民族精神的集中体现？

"泰山精神"大致可归纳为五个方面：

第一是"'身凌绝顶'的攀登意志"："会当凌绝顶，一览众山小。"这种对攀登精神的讴歌，一直是泰山文学作品中的第一大主题，从杜甫的"会当凌绝顶"到冯骥才的《挑山工》，都是对这一泰山精神的礼赞与讴歌。将攀登作为个人修身创业的一种比喻，在先秦时已经出现。《国语》中已经有了"从善如登"的说法。自古登山者中，不畏险阻、勇攀高峰、直造极顶者往往受到人们敬仰，而畏缩不前、半途而废者则备受世人讥讽。传说宋真宗封禅时，乘马至回马岭，见山高路险，便拨马而回，所以后来乾隆帝写诗嘲笑他："为奠天书策马来，崎岖难进遂因回。"另一位畏缩者是宋代大诗人苏辙，他来到泰山下，却徘徊顾盼，不敢攀登，说是"天门四十里，预恐双足废"。后来其兄苏东坡大为他惋惜："恨君不上东封顶，夜看金轮出九幽。"使人感到这位小苏虽与其兄苏轼齐名，却远逊于苏东坡的"竹杖芒鞋轻胜马，谁怕，一蓑烟雨任平生"的胸襟气度。

这一攀登精神，还被当代中共领导人胡耀邦引入政治层面。1981年7月，胡耀邦同志《在庆祝中国共产党成立六十周年大会上的讲话》中，把实现社会主义建设比作攀登泰山。他说："我们一定能够征服'十八盘'，登上'南天门'，到达'玉皇顶'，然后再向新的高峰前进。"由于胡耀邦讲泰山攀登十分具体，在当天的《人民日报》发表讲话全文时，同时配发了一张《泰山登山路线图》来加以说明。可见泰山攀登精神直到今天，仍然是得到党和国家领导人认同的体现时代精神的最强音。

第二是"'重于泰山'的价值取向"：与"会当凌绝顶，一览众山小"齐名的名句，当属"人固有一死，或重于泰山，或轻于鸿毛"，这是一句我们自小耳熟能详的人生格言。那么，人们为什么不说"重于黄山"、"重于华山"、"重于峨眉山"，而独独要说"重于泰山"呢？这首先因为泰山确实很重，他由花岗岩组成的身躯，重达5500亿吨。在大山之中，这个重量，既超过了黄山，也超过了华山。在古人"君子比德"的思维下，泰山就成了高尚人格的象征。从于谦、孙中山、蒋中正到毛泽东，无不引用过这一譬喻。抗日战争时，爱国将领张自忠为夺取鄂北大捷，准备率部袭日军总部，行动前对部将说："人总是要死的，多活二十年少活二十年转眼就过去了，但如果是为国家为民族而死，他就会重于泰山。"这说明"重于泰山"这一譬喻，早已成为了中华民族人生价值的衡量标尺，激励着一代又一代中华儿女为国家民族而奋斗献身。

第三是"'不让土壤'的博大胸怀"：秦李斯在《谏逐客书》中说"泰山不让土壤，故能成其大；河海不捐细流，故能成其深"。确如这位先哲所言，泰山文化在形成中，广泛吸纳了各区域、各民族、各信仰的精华，使其文化特征呈现出一种多元的色彩，体现出了中华文化博大兼容的一面。泰山文化兼容外来文化的事例，我这里仅举两例。我们现在把韩国文化的影响潮流叫做"韩流"，其实这场"韩流"早在 600 年前便袭来过泰山。明代初年，有一位来自朝鲜的高僧名叫满空，他潜渡鸭绿江，前来中国求法，泰山接纳了这位异域的僧人，他在这里一驻 40 年，最后终老名岳，化为泰山之土。满空在泰山期间，重建普照寺，被尊为普照重开山第一祖，《普照寺碑》上说当时"名公巨卿"都"以师礼待之"，四方"依法者何止数千也"。满空也因此成为明代泰山影响最大的高僧。这是一个宗教的事例。第二个事例是美术方面的，我们知道，西画是从西方传入中国的，是一种外来的美术，但这一外来美术却画上了泰山神的宫殿——据美术家研究，岱庙壁画的上半部，都是用西洋的技法绘成。这些事例，无不是古代泰山吸纳万物、博大虚怀的具体体现。这种"不让土壤"的精神，对我们这些身处一个开放时代的中国人，是不是仍然有所启示呢？

第四是"'捧日擎天'的光明追求"：天下无处不有日出，为什么独独泰山的日出最让人激动、最让人振奋呢？谜底还要追溯到 5000 年前。这是因为，在中华先民的观念中，太阳是万物之母，而最早迎接第一轮红日的地方，应当是在东方最高的山岳之巅。这座山当然就是泰山。按照元好问的说法，"泰山高出天半，昏晓与平地异"。山顶上已是红日勃升，光芒万丈，而人间还在黎明前黑暗之中。因此泰山日出便成为人间光明普照的先声。在大汶口文化遗址中留传下来一个标志，就是我们在泰山很多地方都可以看到的"日火山"的那个标志。上面是一个圆形的图案，下面是一个半弯月形的图案，最下面是一个山形的图案，关于这个神秘的符号，学者们有很多研究的观点，一般认为，这个图案上面的圆形是太阳的象征，而下面这个弯月形，有的认为是月亮的表示，有的认为是祭天的火焰，有的则认为是飞鸟展开的双翼，观点不太一样。可是下面的山形，观点几乎一致，都认为下面这座雄峙天东、沟通天地、连通日月的高山肯定就是我们的东岳泰山。这个神秘符号的破解，说明

乡土文化研究（第一辑）

早在东夷部族那个时期，泰山崇拜已与太阳崇拜紧密联系在一起了。从先民陶文中的泰山日出符号，到当代人欢呼泰山日出的画面，这种对光明的追求与向往，世世代代，感染着一代又一代的中国人。直到今天，中央电视台在向世界直播的新世纪第一缕阳光，仍然是采自泰山之巅。可以说，对泰山日出的崇拜，至今仍是深入人心。

第五点是"'国泰民安'的美好寄托"：自古流传着一句话叫"泰山安则天下皆安"，现代简化为"泰山天下安"。关于这句话是怎么来的，我曾作过考证，发现这句话最早出自战国时期的大贾吕不韦，吕不韦为了拥立秦王子子楚，便设计通过秦王后之弟阳泉君进言，他在劝诱阳泉君的说辞中，有"使君富贵千万岁，其宁于太山四维，必无危亡之患矣"（《战国策·秦策》）的话。后来西汉淮南王又将此一家之安引申为一国之安。其在《上武帝书》中说："天下之安，犹泰山而四维之。"意思是：一个国家的安定状况，就像压上泰山，再系上四条结物的大绳那样牢不可移。为什么古人会用泰山比喻国家的安定呢？这是因为，泰山"雄重盘礴"的山体，和他 5500 亿吨的体重，很自然地让人们将他与国家和社会的安定联系在一起。历代帝王在泰山举行封禅大典，也是因为泰山本身就是"天下太平"的一种象征。

这是对于"国泰"说的，而"民安"也在泰山有具体的体现。如果说一座泰山可以保佑整个国家和平安定的话，推而广之，泰山的一块石头也定能庇佑一个家庭幸福平安，于是就有了随处可见的"泰山石敢当"，传说中泰山灵石的化身石敢当正是一位福佑万家的保护神，他所到之处擒妖降虎，镇鬼压邪，所以百姓纷纷将他的名字刻上石碑，嵌置墙角屋宇，作为镇室之石。于是便有了这传承千年的泰山石敢当信仰。"泰山石敢当"，即泰山的石头敢于抵挡一切。赋予了人们对泰山灵石的无比崇拜与美好希冀，这一信仰不仅传布大江南北，而且远播海外，成为影响世界的社会风俗。这恰是"民安"观念的反映。

这种对"泰山天下安"观念的认同，一直延续到现当代，人民英雄纪念碑和人民大会堂这两大建筑都是以泰山花岗岩作为基座，显然也是取"永固久安"的寓意。20 世纪 80 年代，日本有位书法家叫柳田泰云，在岱顶上书刻了"国泰民安"四个大字，可以说正切中了泰山文化中的这一精神精髓。

正因为在泰山身上体现了这么多中华民族的精神结晶，泰山已不仅仅是一座自然之山，更成为了一座中国人的精神之山。我谨借用我们国家图书馆的老馆长任继愈先生的话，作为泰山讲座的结束语："如果说长城是中华民族的精神纽带，泰山则是精神家园！"

最后，真诚地希望诸位朋友在方便时能来到泰山，亲自展读一番这部天地大书。在书中，您不仅能读到民族的历史、民族的文化，也能感受到民族的精神与风骨。登泰山，读泰山，如果用十个字来概括，那便是：

"泰山读不尽，千古总含情！"

演讲时间：2010 年 7 月 11 日

张福有

长白山与长白山文化

主讲人简介：

　　张福有，别署养根斋。研究员。曾任吉林省委副秘书长兼省委办公厅副主任，白山市委副书记兼政协主席，吉林省社科联、文联（作协）党组书记、副主席兼省委宣传部副部长，省委宣传部副部长兼省社科院副院长；现为吉林省政协常委，吉林省长白山文化研究会会长，中华诗词学会副会长，中国作家协会会员，中国摄影家协会会员，中国书法家协会会员，吉林省高句丽研究中心专家委员会主任。著有《养根斋诗词选》《张福有诗词选》《高句丽王陵统鉴》《一剪梅情缘》《诗词曲律说解》《长白山诗词史话》，合著《高句丽王陵通考》《高句丽千里长城》等。

按《长白山志》[1]的观点，长白山有狭义、一般意义和广义之别。狭义的长白山，指长白山主峰，即海拔 1700 米以上的巨型火山锥体。一般意义的长白山，指长白山系的主脉——长白山脉，包括长白山区的中山、低山、丘陵、熔岩高原、台地等。广义的长白山，指长白山系，或称长白山山地，实质上具有山系或亚山系的性质。长白山总领东北亚，就我国而言，辽海、白山、黑水，整个东北，均在巍巍长白舆地之内。长白山是长白山物质文化和非物质文化的共同载体。加强对长白山文化的研究和认同，对于按照科学发展观的要求搞好长白山的保护和建设，促进吉林经济与社会的全面健康发展，保持生态平衡，保护世界物种基因库，意义重大。

一、长白山文化的概念、内涵和外延

长白山既是一座物产丰富的自然资源宝库，也是一座底蕴丰厚的文化资源宝库。

文化，也有广义和狭义之分。长白山文化，是广义的大文化。长白山文化是中华文化的组成部分，是长白山区各族人民在社会历史发展进程中所创造的物质财富和精神财富的总和。

长白山文化的内涵丰富、外延广阔。它既是农耕文化、渔猎文化、游牧文化等相结合的物质文化，也是军政合一的政治文化，同时还是独具特色的民俗文化。

在东北开发史中，汉族是主体民族之一。《周礼·职方氏》："东北曰幽州。"①幽州与战国的燕国区域大体相当。秦汉魏晋称"辽东"，《史记》

中有记载。辽东，主要指辽东地区。唐称辽海，或曰安东。"东北"一词，出现较早。高适在《燕歌行》中写道："汉家烟尘在东北，汉将辞家破残贼。"[②]贾岛在《玩月》开篇即写"寒月破东北，贾生立西南"[③]。清代荣文达在《辽东怀古》中写道："禹迹有经辟东北，舜封无石勒山川。"[④]辽金时，"东北"更加明确地由方位变为地名。明初修山海关之后，才逐渐形成"关东"的概念。历史上的各个朝代，都没有忽略东北。辽、金、元、清入主中原，是汉文化内聚力的结果，是中国各民族文化融合的结晶。长白山文化，是对东北文化的一种标志性概括。

对于东北的文化，曾有"东北文化"、"关东文化"、"长白文化"、"黑土地文化"、"辽河文化"、"满洲文化"等概括。这些概括，各有短长。"东北文化"，特点不明显。"关东文化"，显然是以山海关为中心，未侧重到东北标志性的地域文化。"黑土地文化"，有与"白山"相关联的一面，同时又远离白山这一特点。"辽河文化"，辽河含东辽河，东辽河就发源于长白山。"满洲文化"，过于狭窄，失却一定的普遍性。"长白山文化"，可以涵盖诸如"东北"、"关东"、"辽河"、"黑水""满洲"等地域之文化个性与特色。长白山总领东北亚，只有以"长白山文化"为其命名，才能开宗明义，豁然开朗。

按地域区分文化的类型，是文化分类的科学的方法之一。以名山冠名文化，是文化史学研究中的通例。诸如"燕山文化"、"红山文化"、"巴蜀文化"、"岭南文化"、"海岱文化"等，均属以山为文化命名，早已为人们所接受。"长白山文化"的命名是科学的。一种文化的命名，必须能抓住其特点。这种特点，也就是对一种文化的本质性的揭示和概括。源远流长的长白山文化是广义的大文化，既是区域性的大文化，又是民族复合型的大文化。

二、长白山文化的主要内容和特点

（一）长白山文化的考古依据

根据姜鹏、陈全家等先生的研究成果，长白山地区旧石器文化遗址也是比较丰富的。松花江流域有吉林桦甸寿山仙人洞、蛟河砖场遗址、吉林西山、蛟河仙人洞、安图石门山、抚松仙人洞、抚松新屯遗址等。图们江流域有吉林和龙石人沟、珲春北山等遗址。此外，鸭绿江流域有辽宁东港前阳人遗址等。就年代跨度而言，长白山三江流域旧石器遗址，从距今20万年到6万年、2万年前不等。这是一批填补空白的重大发现。这是长白山文化之源，是长白山文化、中华文化、人类文化宝库中之瑰宝。

长白山作为人类文明的一个生长点，有其特殊的发展轨迹。东北文化区，是北方草原区与中原文化区交汇的前沿地带。这一地区能率先跨入文明的门槛，是各种文化不断渗透、长期碰撞、互相交汇的必然结果。

距今约6000至5000年前的红山文化，以牛河梁"坛庙冢"三位一体规模宏大的史前祭祀遗址群以及彩陶和成组出土的玉礼器为标志，昭示了中华民族祖先从氏族到古国的历程，文明的第一缕曙光开始映照在辽河流域。牛河梁红山文化女神庙是中国首次发现的远古神殿，其遗址中文化内涵与宗教遗存的丰富程度是任何其他遗址所无法比拟的。通化的王八脖子遗址，从新石器晚期到明代，一共分为六期13层，至今已经有五六千年。以辽河流域T形柄曲刃青铜短剑为特征的青铜文化，曾被称为"辽宁式铜剑"，分为辽西和辽东两种类型，分别代表着不同的古代族系。辽西青铜短剑文化深受燕文化的影响，而辽东地区含青铜短剑遗存的墓葬普遍采用石棺葬，尤以高大的石棚和石盖墓引人注目。柳河、梅河口境内现存的石棚墓还是保存比较完好的。近几年，在通化市内，在东山宾馆的山坡上也发现了石棚墓，虽然倒了，但可完全复原。下面两个基座和盖顶石都不缺。吉林市西团山的石棺墓，都是典型代表。

2004年以来，我们在长白县21道沟考古调查时有重要发现。在21道沟上林子这个地方，有61座高大的土石堆积的圆丘。经过有关部门的同意，省考古所确定了领队，具体调查清理了8号和11号，出土了赵国的青铜器，青铜的短剑残段，还有青铜的环首柄。在附近还有青铜的盖弓帽，这是古代车上的一个小部件。这就证明在2200多年前，有车到了这个地方。这个地方距长白山天池 60 多公里，在鸭绿江的最上游出土这些赵国的青铜器是非常了不得的。1988 年，在长白县八道沟镇葫芦套村的山坡上，出土蔺相如监制的青铜戈，刻有铭文。"蔺相如"这三个字类似大篆。这件器物是有关蔺相如的唯一一件文物，它填补了蔺相如文物的空白，竟然在我们长白山下出土了。1977 年，在集安阳岔高台子村出土赵国阳安君监制的青铜短剑。《考古杂志》有两篇文章专门介绍这个青铜短剑。当时没有考证清楚阳安君其人。2004 年 4 月，我依据《新唐书》《战国史》等文献[2][3]，考证明白赵国有阳安君其人。他是老子李耳的五世孙，是唐太宗李世民的三十六世祖，叫李跻。他的父亲是李兑。李兑是赵惠文王时的宰相。我的考证文章发表在 2005 年第 6 期《考古与文物》杂志上。阳安君为李跻的结论，已被中国社会科学院写入《2005 年中国先秦史研究概览》中，得到学界认可。林沄先生在接受《东北史地》记者专访时充分肯定了阳安君是李跻的结论。赵国的青铜器在东北大量出土。大连出土了春平君的青铜短剑。柳河的王八脖子遗址出土几十枚赵国铜箭头，上边有字："左导工"、"右导工"，"导"字不带"彳"旁。从本溪到桓仁、到集安、到通化这一带，出土了大量的燕赵的货币。本溪博物馆用燕赵货币拼成了解说词，叫"燕赵文化东进的足迹，民族融合的序曲"。这两句话概括得十分准确，十分到位。2000 多年前的燕赵货币能在东北大量地出现，说明当时参与了流通。当是秦灭赵时有大的兵团过来了，才会有这些厚重的历史文化的积淀。著名考古学家方起东先生临终前 17 天我去看他，请他审《阳安君青铜短剑》和《长白二十一道沟积坛》这两篇文章。他看了以后非常高兴，问我：赵国的青铜盖弓帽在长白出土说明了什么？我说，说明有车到这个地方来了。他又问，这又说明了什么？我说，在 2200 年前能坐车的人一定是有身份地位的人。他说，对。这又说明了什么？我说请方先生指教。他说，这说明燕赵的礼仪文化过来了。方先生这句话十分深刻。在 2200 多年前，燕赵的礼仪文化就来到了长白山下、鸭绿江的源头地区。此后过了 185 年，才在鸭绿江畔崛起高句丽的积石文化。

长白县还有干沟子墓群，2001 年，吉林省考古所做了发掘。过去认为这是高句丽的古墓。经过 2001 年的发掘，认识深化了。这是战国时期的古墓群。2006 年春，我们在云峰库区发现以良民为中心的 21 个古墓群共 2753 多座古墓，还有良民和三道沟两座古城。其中二道沟等地有近千座古墓是建在江边、河边高漫滩上的用河卵石堆积的无坛、无圹、无器物的积石墓。这些墓葬，在库区淹了 42 年。这是非常重要的一些新的信息，为我们深化对长白山文化的研究，提供了最新的材料。

集安禹山墓区 3319 号墓，卷云纹铭文，共 36 个字：

太歲在丁巳五月廿日爲中郎將大人造盖墓瓦又作民四千餵盒禾又用盈時興誥得享萬世

这枚瓦当，应当说很重要[6]。中郎，不是高句丽王。该墓发掘报告已指出墓主人是晋平州牧崔遫。集安还出土汉军司马印和晋高句丽率善百长、千长、邑长印。

（二）长白山文化的文献载体

李澍田先生编撰的《长白丛书》[4]，集长白山文化之大成，功德无量。有关长白山文化的记载，包含在古今中外各种典籍之中。主要有：1. 史书典籍。先秦书籍二十六史，编年史鉴，纪事本末等。2. 政书典志。历代会要、会典，通典，通志，通考及唐宋大诏令集，大金集礼，明清经世文编，明清历朝实录等。3. 杂史专著。这方面的书籍很多。宋洪皓的《松漠纪闻》、许亢宗《宣和奉使行程录》、路振《乘轺录》，金代王寂《辽东鸭绿江行部志》，明代彭孙贻《山中见闻录》，清代杨宾《柳边纪略》、吴振臣《宁古塔纪略》、高士奇《扈从东巡日录》、方拱乾《绝域纪略》、方式济《龙沙纪略》，近人景方昶《东北舆地释略》、金毓黻《东北通史》（上卷）等。4. 笔记文集。历代东北文人之诗文专集，如金元好问《中州集》、赵秉文《长白山行》，清吴兆骞《秋茄集》，辽东三杰和吉林三杰的作品等。5. 丛书类书。如《太平御览》《玉海》《四库全书》《册府元龟》《古今图书集成》《小方壶舆地丛钞》《玄览堂丛书》等。6. 地方志书。《渤海国志》《契丹国志》《大金国志》《辽阳图志》《开元志》《辽东志》《全辽志》《盛京通志》《吉林通志》《黑龙江志稿》《奉天组志》《吉林新志》等各种方志。7. 考古文献。这方面的重要资料，不可不重视。8. 文书档案。这是大量的，从国家档案馆到地方档案馆，都有大量史料可资借鉴。9. 谱牒传记。10. 国外文献。11. 报刊文献。

（三）长白山文化的精粹——长白山诗词

所谓长白山诗词，是指描写长白山景物的旧体诗词。因此，长白山诗词不仅限于写长白山主峰或天池等主要景观的诗词。古今中外，有关长白山的诗词是大量的。由本人辑笺的《长白山诗词选》之作品从《诗经》《楚辞》收起，共 526 人所作诗词 1145 首。就历史跨度而言，仅从长白山下有确切作者的高句丽第二位王琉璃明王类利写于公元前 17 年的《黄鸟歌》算起，至今已 2024 年。

一提到唐诗，人们便会想到李白是否与长白山诗词有关的问题。可以说，有关。李白写了一首题为《高句丽》的五绝：

金花折风帽，白马小迟回。

翩翩舞广袖，似鸟海东来。

李白的这首五绝，载于《全唐诗》[⑦]。以生动的笔触再现了高句丽人的形象，从而为长白山文化增添了栩栩如生的一笔。在唐代，有大批的高句丽人移居中原地区甚至黄河以南，因而能再现于李白的诗笔之下。我们珍视李白这首五绝，在于这个古代民族就生活在长白山区。李白的《高句丽》，无疑成为长白山文化和长白山诗词的历史见证。

李白不仅为高句丽作一首五绝，而且还为渤海国作一首五律，题为《送王孝廉觐省》：

彭蠡将天合，姑苏在日边。

宁亲候海色，欲动孝廉船。

窈窕晴江转，参差远岫连。

相思无昼夜，东泣似长川。

此王孝廉，经我考证，是渤海国太守并于公元 814 年赴日任大使[⑧]。

"大使"一词，唐代即有。因王孝廉有诗才，日本嵯峨天皇曾在皇宫中宴请他，同席赋诗。此诗中的"晴江"，是指鸭绿江。这是渤海国的水道，长白县的塔山，至今有灵光塔，是渤海国之遗物。应当说，李白这首五律，从艺术角度看，堪称佳作。古代长白山下的高句丽、渤海国，李白均有诗赠。诗可证史，极其珍贵。

唐诗中不乏写长白山之佳作，宋词亦然。张元幹的《念奴娇·题徐明叔海月吟笛图》中直写："山拥鸡林，江澄鸭绿，四顾沧溟窄。""明镜池开秋水净，冷浸一天空翠。"⑨堪称定评。"鸡林"，唐时指新罗，宋后及至清末民初，渐指吉林。"鸭绿"，即鸭绿江。"池"，天池。其前句为"群玉峰峦如洗"，可见徐明叔这幅画十分逼真，直画出天池周围诸峰如洗之胜！

陆游还在诗中直写鸭绿江"却回射雁鸭绿江，箭飞雁起连云黑"（《出塞》）；"鸭绿桑干尽汉天，传烽自合过祁连"（《书事》）⑩。宋代大词人苏东坡在《小圃五咏》中，第一首便是咏《人参》，开篇即"上党天下脊，辽东真井底"⑪。可见，在宋代，长白山的人参还不如太行山的人参名气大。尽管如此，其能在苏东坡的手下有一笔，亦足可庆幸。而到清代，太行山的植被被破坏了，人参亦失去生存条件，长白山的人参便名贵起来。在乾隆笔下，则是"即今上党成凡品，自昔天公葆异珍"。真乃历史无情。在乾隆笔下，写到吉林的诗更多一些。他在《吉林览古杂咏》中写道：

> 荒略山原限大东，汉唐记载鲜精穷。
>
> 购诗只有鸡林使，真鉴偏教幸白翁。

此诗共四首，这是其中第二首⑫。是说地处长白山区的大东之地，汉唐典籍中鲜有所闻。诗中还写到鸡林国宰相让商人购白居易的诗之典故。此有《鸡林旧闻录》与《启东录》等书为证。"大东"与"鸡林"乃至"吉林"同在一诗之中，可见"大东"亦即吉林之代称。乾隆还在《辉发故城怀古》中写到"大东"："天教草昧起英雄，开创艰难自大东。"⑬他在另外两首诗中也写到"大东"。在清朝以前，唐在这里设州府；辽代

乡土文化研究（第一辑）

此属东京道；金属上京路会宁府、东京路婆速府、曷懒路；元属辽阳行省；明设卫所；清在此设都统及府厅州县；民国设路、道、市、县；新中国设市、地、州、县。

（四）长白山文化的特点

特点，是一种文化的本质特征。这种特征，也就是对一种文化的历史积淀的本质性揭示和概括。我认为，长白山文化的特点，至少可以归纳为以下几点：

1. 源头性。长白山不仅有文化，而且长白山文化具有源头性，是中华文化的一个重要发源地。长白山下松花江、图们江、鸭绿江"三江流域"的旧石器遗址，就年代跨度而言，从距今20万年到6万年、2万年不等，足可证明长白山原始文化是中华文明的起源之一。此外，还可从"四个第一"来加以证明：

一是中国的第一部地理志《山海经》里，有长白山，称作"不咸山"。

二是中国的第一部诗集《诗经》，写到长白山下先民"其追其貊"，《玄鸟》《长发》篇写到商代先民。

三是中国的第一部纪传体史书《史记》，记下了长白山下肃慎氏的贡物"楛矢石砮"。陆游在诗中也写到"楛矢石砮"，是长白山文化源远流长的历史见证。《长白山诗词选》收有曹植《白马篇》中的"宿昔秉良弓，楛矢何参差"和《矫志诗》中的"门机之间，楛矢不追"的诗句[15]。陆游的《建安陈希周官海南为予致两拄杖其一促节竹其一栟榈也》中亦写道："雨渍岚侵藓晕重，石砮楛矢正相同。"[16]

四是词的源头，隋炀帝的《纪辽东》也谈到长白山。隋炀帝《纪辽东》之二如下：

> 秉旄仗节定辽东，俘馘变夷风。清歌凯捷丸都水，归宴洛阳宫。
>
> 策功行赏不淹留，全军藉智谋。讵似南宫复道上，先封雍齿侯。

词中所写"丸都"，乃高句丽都城国内城之守备城——丸都山城，据此及《纪辽东》之题，将其辑入《长白山诗词选》中。从隋炀帝和王胄的四首《纪辽东》中可见，这是规范的"七五为章"、"定格配乐"歌辞，且为燕乐，完全具备唐宋词的体格特征[⑰]。与此一致的，在敦煌曲子辞中就有45首《求因果》，宋词中的《双头莲令》《武陵春》《祝英台》等，格式同于《纪辽东》，只是在平仄、用韵方式上略有变动。所以，完全可以说《纪辽东》当是词的源头。由此足见长白山文化与长白山诗词在中华文化宝库中处于重要地位。全国23个省、市、区232位诗人依谱写了2000多首《纪辽东》，由吉林人民出版社出版了《纪辽东》专辑，收《纪辽东》1815首。集安的原名为"辑安"，出自《史记》："存抚天下，辑安中国。"[5]夫余"因气而孕"、高句丽的朱蒙传说，肃慎的"天女浴躬"传说，等等，无不带有文化源头的性质。翻开《中国东北史》《东北文学史》，翻开《长白丛书》《长白山诗词选》，那种"东陲无文"的片面认识便站不住脚。夜郎自大不足取，妄自菲薄也不应该。

2. 交汇性。苏秉琦先生在1981年12月25日谈到考古学文化区系类型理论时，以西辽河流域于20世纪60年代发现的两种新石器文化（红山文化与富河文化）与两种青铜文化（夏家店下层文化与夏家店上层文化）和70年代大南沟和大甸子这两处墓地的系统材料为依据，把"以燕山南北长城地带为重心的北方"放在六大区系之首，其原因除了这里古文化的发展水平同中原地区大致同步和这一地区是"最复杂、最具典型性的民族大熔炉"的地域特点以外，他已敏锐地感觉到："从北纬40°到42°线的这几个地区，是中华民族脊梁骨，多少历史事件、重要人物都由这里产生，这个地区问题的解决远远超出本地区。"长白山恰在这一地区之间。长白山主峰位于北纬41°55′—42°05′之间，这绝不是偶然的。这是历史形成的。长白山包括辽河流域作为古代文化的生长点与交汇带，首先是与这里的自然地理环境密不可分的。辽河流域的西部是处于蒙古高原向华北平原过渡的丘陵地带，东部则是长白山及其以北松辽大平原的中心地带，有东北至西南走向的山川和漫长的海岸线。至少在距今万年到四五千年前，这一带是暖湿性阔叶林和针叶林混交的森林草原带。白山、长春不断发现猛犸象化石，就是力证。这种自然地理环境，既适于文化的成长，又是南北之间与东西之间交流的天然通道。

3. 包容性。东北文化区，是北方草原与中原文化区交汇的前沿地带。不同经济类型和不同文化传统的群体间的交汇，往往会产生意想不到的效果。红山文化"坛、庙、冢"的出现就是红山文化与仰韶文化北南交汇的产物。青铜时代和早期铁器时代，长白山地区包括辽河流域诸文化都有普遍接受中原礼制的情况，而且越来越浓厚。燕赵文化的东进，极大地促进了长白山区的民族融合。长白山文化史，是以汉族文化为主体的各民族文化共同发展的历史。

4. 刚毅性。研究长白山文化，就是要弘扬长白山精神，凝聚开发建设长白山的合力。长白山以它那久远的历史、苍茫的情调、人格的力量，传递给我们以原始的神秘感、浓重的历史感、沉重的责任感，从而激励人们百折不挠、奋斗不止。长白山文化有着巨大的吸引力和感召力。写下《松漠纪闻》的洪皓，是洪秀全的第二十八世祖，他写下千古绝唱四首《江梅引》，后来丢了一首，《容斋随笔》中仅存三首，被吴昌绶发现。后被收到《全宋词》中。这四首《江梅引》，完全感悟于一首不知名的《江梅引》中"念此情，家万里"。这首词的作者是宋代词人王观。洪皓流放地在松原宁江区。宁江的洪皓研究，硕果累累。《松漠纪闻》是东北史的奠基之作，被收入《四库全书》之中。

为长白山天池十六峰命名的刘建封，是《天下粮仓》的主人公刘统勋、"宰相刘罗锅"刘墉的后人，酷爱梅花，画梅、咏梅，留下不朽诗篇《梅花吟》120首。是我国科学踏查长白山、并为长白山摄影的第一人，写下《长白山江岗志略》《白山纪咏》。

长白山下李克谦临终前抄下的三首不知作者的《一剪梅》，经我苦寻六载得知，作者是俞平伯的曾祖俞曲园。这些人、这些事，居然神奇地联系在一起。刘建封与俞曲园的得意弟子章太炎是莫逆之交。1907年，俞曲园逝世。第二年即1908年，刘建封踏查长白山，为长白山景观命名时，用了俞曲园的诗词要素。俞曲园在诗中写道"此稿人间或幸留"、"流播鸡林原盛世"，坚信他的诗词能在长白山区得以流传。长白山下的李克谦先生求索毕生，继而在其去世后的 6 年间，本人的一篇《一剪梅谁注?》1996 年 10 月 2 日在《光明日报》发表后，唤起全国 26 个省、市、区的 160 多人写了 100 多篇文章、280 多首诗词，书写了可歌可泣的《一剪梅情缘》。读着这些诗词、文章，那种发自内心深处的震撼，那种唤起当代全国诗人词家奋起吟咏的力量，令人难忘，令人感奋![6]不要相信"东陲无文"的偏见，要增强我们的文化的自信心!

长白山文化是古老的，长白山文化研究是全新的。发展、繁荣长白山文化与坚持先进文化的前进方向是一致的。要重新认识东北史；要坚持马克思主义文化观、历史观在长白山文化研究领域中的指导地位；要注意防止对长白山文化及其研究的误解和误导；要针对"东陲无文"、"长白山没有文化"之类的片面认识，多做一些说明和介绍；要扎扎实实地做学问，努力在求证、求正、求深、求真、求实、求是上下工夫；要利用考古新发现，深化对东北史和长白山区开发史、长白山文化发展史的研究。

三、长白山文化的与时俱进

长白山文化的与时俱进，说到底，就是要用"三个代表"的要求和科学发展观统领文化建设，立足于改革开放和现代化建设的实践，着眼于科学文化发展的前沿，进行文化创新，不断增强长白山文化的生命力、吸引力、感召力。

长白山文化的本质是创业文化。研究长白山文化，旨在弘扬长白山精神。长白山是吉林的宝贵财富，是吉林的文化品牌。应当研究什么是"吉林精神"。这种精神，应当是具有吉林地域特色的优秀文化精神，符合社会主义核心价值体系的根本要求，同时，又能体现地域特点和时代特征。

关键要弄清什么是具有吉林地域特色的优秀文化精神。从一般意义上说，具有吉林地域特色的优秀文化精神可以概括为长白山精神。换句话说，吉林精神，就是长白山精神。其本质是"自强不息，拼搏奋进，开拓创业"的优秀文化精神。

文化精神是一个群体在生活方式、社会行为模式，尤其是价值观上所表现出来的感情特质和精神品质。长白山是吉林的骨骼、吉林的脊梁。要切实把培育、弘扬长白山精神，始终保持奋发有为、昂扬向上的精神状态，作为思想建设的重要任务来抓。

要寻找长白山文化与经济、政治的最佳结合点。在市场经济条件下，经济已不是孤立的经济，文化也不是单纯的文化。经济落后没有地位，文化落后没有品位。先进的文化造就发达的经济，落后的文化只能伴随贫困的经济。我们既要看到人们享受着长白山文化背景所赐予的灵感、力量、地缘优势和人文特点，又要意识到长白山文化中的消极面所带来的惰性效应、锁定效应与负面效应，从而努力寻求区域经济和地域文化协调发展的新思路。由省食品办、省生态办、省长白山文化研究会、城市晚报社和白山、延边、吉林、通化、辽源五市州组成的吉林省生态经济合作会议，运行后效果很好。

经济与社会要更好更快地发展，需要我们从指导思想、发展模式、工作措施等方面实现根本性的转变。其中一个重要方面，就是要为经济与社会发展提供有力的理论支撑、舆论支撑、精神支撑和文化支撑。就文化支撑力而言，简单、形象地说，就是在经济与社会的发展进程中文化所能提供的起支柱和促进作用的抗压力和拉动力。

经济是基础，是文化事业的第一支撑。陆游写过"小康何敢望，生计且支撑"的诗句，形象地说明了这个道理。当经济发展到一定程度，就要靠文化的力量反作用于经济。文化，是人类历史进程中长期积淀的相对稳定的价值体系和行为模式，是渗透到经济、政治、社会、环境中的人的精神基因和价值基因。文化支撑力，既是一种"软实力"，也是一种"硬实力"。我们要以全新的历史视野和文化视野，从战略和全局的高度，用科学发展观来理解和把握文化的地位和作用，探寻经济与社会更快更好发展的规律性。

有人认为，时下的中国文化正处于一个娱乐时代和产业时代，越来越日常化和世俗化。这种现象也许是存在的。宋人张耒写过"支撑诽笑中，久乃化而靡"的诗句，至今读来，仍发人省思。如果经济发展进程中缺失了文化，或者说文化缺失了内在的积极的支撑力量，就难以克服诚信危机和信仰危机，甚至人们日常生活中积极的、先进的文化模式、文化精神也会被消解。

对于一个人来说，文化支撑力是生命的灵魂。中国的传统文化，培育和造就了历代中国知识分子的自强不息的支撑力精神。唐诗中有牛僧孺的"地祇愁垫压，鳌足困支撑"诗句[18]；宋词中有姚勉的"信天生英杰，正为国计；擎天著柱，要自支撑"的词句[19]；元曲中有汪元亨的"梅出脱林逋，菊支撑陶令，鱼成就严陵"的曲句[20]。时代虽不同，但这种崇尚自重自强、自力自撑的人文精神，是一脉相承的。一种精神追求，有时会焕发出一种超人的毅力、生发出奇迹。

对于一个地区来说，文化支撑力是发展的助推器。苏州的经济之所以能在全国遥遥领先，一个重要经验就是深刻挖掘吴文化的深厚底蕴，使之成为经济快速发展的强大引擎。要大力开掘地域文化的历史底蕴，努力提升地域文化的时代精神。

对于一个社会来说，文化支撑力是和谐发展的内在动力和关键所在。和谐社会，尤其需要和谐文化。文化已经成为推动经济社会发展的重要元素和资源。文化，绝不仅仅是宣传和文化部门的事，而是全社会的事。这就要研究文化与经济互动的规律，促进文化与经济更好地融合，在提高经济社会的文化品位中，不断增强综合竞争力。尤其要注重发展文化产业，培育文化品牌。要发挥文化在经济社会各个领域的影响力和推动力作用。

注释：

① 18 19 20　北京国学时代文化传播有限公司：《国学宝典》，2002 年。

② ③ ④ 14　张福有辑笺：《长白山诗词选》，时代文艺出版社，1998 年。

⑤　张福有：《集安出土赵国青铜短剑之阳安君为李跻》，《考古与文物》2005 年第
　　6 期。

⑥　吉林省文物考古研究所、集安市博物馆（孙仁杰执笔）：《洞沟古墓群禹山墓区
　　JYM3319 号墓发掘报告》，《东北史地》2005 年第 6 期。

⑦⑧⑨⑩⑪⑫⑬⑮⑯⑰　张福有：《长白山诗词史话》，时代文艺出版社，2001 年。

参考文献：

[1] 王季平主编：《长白山志》，吉林文史出版社，1989 年。

[2] 欧阳修：《新唐书》，吉林人民出版社，1995 年。

[3] 杨宽：《战国史》，上海人民出版社，2003 年。

[4] 李澍田编撰：《长白丛书》，吉林文史出版社，1986 年。

[5] 司马迁：《史记》，吉林人民出版社，1995 年。

[6] 张福有编著：《一剪梅情缘》，吉林人民出版社，2003 年。

演讲时间：2010 年 6 月 26 日

郦 正

吉林地域文化对吉林经济的影响及对策研究

主讲人简介：

邴正，吉林省长春市人。教授，博士生导师。现任吉林日报社社长、党组书记。历任吉林大学哲学系助教、讲师、副教授、教授、博士生导师，吉林大学社会发展研究所副所长，哲学社会学院党委书记，吉林大学党委副书记，2001年后任吉林省社会科学院副院长、院长兼党组书记等职。

长期从事哲学、社会学、文化学教学和研究，在国内率先提出社会发展理论问题，是该研究领域的开拓者之一。先后承担国家社科基金重点项目等国家级、省部级科研项目12项；出版学术专著10余部，与人合著、参编、主编著作40余部。

导论：振兴吉林必先振奋精神

吉林省委八届四次全会提出了"振兴吉林老工业基地，掀起第二次创业高潮"的号召。振兴东北老工业基地，是新千年东北发展的重要战略机遇和转折点，也是东北人、吉林人又一次新的伟大创业。

东北这块土地是先人们艰苦创业创出来的。在数千年的历史长河中，东北大地上纵横驰骋着东夷、鲜卑、契丹、女真、蒙古、满洲等农业民族、游牧民族和渔猎民族。他们一旦强盛起来，往往举族南下，入主中原，融入中华民族大家庭的主体之中。东北的发展因此而呈现出时断时续的间歇性的循环。只是到了清代中晚期，特别是鸦片战争后，中原的农民才大批迁入东北。他们在千古荒原和林海雪原中开拓垦殖，艰苦创业。用了100多年的时间，把东北从一个半游牧半渔猎的社会开发成为农业社会。作为全国粮仓的农业东北，是先民们"闯关东"闯出来的。闯者，创业也。近代东北历史的开端，是和创业紧紧连在一起的。

20世纪50年代国家重点建设东北工业基地，是现代东北的第一次创业。这一次创业，把东北从农业社会推入了现代工业社会。如今振兴东北老工业基地，则是第二次创业。这次创业的实质，是东北及吉林省从传统工业社会向新型工业社会的深刻变革，从计划经济向市场经济的深刻变革。

回顾东北的发展历程，创业问题贯穿始终。每一次大的历史转折，都展开了一幅创业的壮阔画卷，都体现了东北历史间歇性与连续性相结合的发展特征。早期移民"闯关东"，闯出了一个农业社会，把东北建成了祖国的粮仓。他们背井离乡、披荆斩棘、风餐露宿，把千里荒原开发成肥田沃土。支撑他们的是那种生存的渴望、开拓的精神。建设老工业基地，各路人才听从党的召唤，从祖国的四面八方来到东北，或伐木开矿，或屯垦戍边，起厂矿于林海，筑广厦于荒野。电影《创业》充分展示了他们艰苦创业的宏伟历程。一种爱国主义、英雄主义、理想主义的气概支撑着他们不屈不挠。在他们身上体现出一种艰苦奋斗、奋发图强的精神。至今回味起来依然使人深深感动。

如今第二次创业的序幕已经拉开。振兴东北，振兴吉林，顾名思义，无论是与历史相比，还是与其他地区相比，东北，包括我们的吉林，在当代的发展中相对落伍了。在用新型工业化取代传统工业化、用市场经济取代计划经济的过程中，东部地区走在了我们的前列。他们的成功经验之一，就是大胆解放思想，更新观念，自主创业。作为创业者的后代，我们应该扪心自问，无论是闯关东的精神，还是建设新中国工业基地的创业精神，那种冒险犯难、不屈不挠的创业热情，能否在我们身上再现？在我们身上能否唤起一种求实创新、积极进取的不甘人后的激情？

黑格尔说过，历史是由两条经纬线构成的，"第一是那个'观念'，第二是人类的热情，这两者交织成为世界历史的经纬线"[1]。欲振兴吉林，必先振奋精神。从传统工业社会转向新型的工业社会，从计划经济转向市场经济，是一种跨越历史时代的大转折，需要用新的时代精神支撑。面对新的时代要求，仅有求生存、历艰险的闯关东精神，仅有艰苦奋斗、奋发图强的革命精神是不够的。建设新型工业社会与社会主义市场经济既然是第二次创业，就需要一种新的创业精神。打造新的创业精神，必须改变传统的地域文化。

一、吉林地域文化的形成条件及其发展过程

（一）吉林文化的社会历史特点

吉林地处东北地区中部。由于特殊的地理与文化条件，吉林省的社

会发展与社会结构，和中原及东北其他地区相比，存在着一定的差异。

首先，从地理条件看，吉林省可分为中部平原区、东部山区和西部草原区三大板块。中部平原区属于半干旱、半湿润的过渡型气候，东北部山区属于湿润、半湿润的过渡型气候，中西部草原区属于干旱、半干旱的过渡型气候。因此，在上古时期，中部属于宜农宜牧的地区，东部属于森林地区，西部则属于草原地区。

其次，从经济条件看，在上古时期，中部以半农半牧活动为主，东部以狩猎捕鱼活动为主，西部则以畜牧业为主。因此，中南部的辽河流域早在战国时代就已进入农业社会，现已发现燕国建立的古城遗址。始建于公元前57年的古国夫余就兴起于中部地区。在历史上吉林省中部始终属于经济较发达地区。时至今日，仍然是吉林省经济发展水平最高的地区。

第三，从民族构成看，这种地理、经济构成直接影响到民族的文化和构成。在历史上，中部曾为秽貊语族的居住地；东部主要活动着以渔猎经济为主的秽貊语族和通古斯语族，如高句丽、肃慎、女真、满族等民族；中西部则主要活动着以牧业经济为主的蒙古语族，如东胡、乌桓、鲜卑、契丹、蒙古族、达斡尔族以及锡伯族等民族。特别是中部地区，成为草原与森林的交错地带，亦成为农业、牧业、渔猎三大经济区的汇合地带，农业民族、游牧民族、渔猎民族的融合地带。

上述特点，使吉林在中国历史上扮演了独特而重要的角色。中南部辽河流域的农业文化成为中原文化向东北传播的桥头堡，不断诱惑着草原上的游牧民族和森林里的渔猎民族向中原迁徙冲击。鲜卑、契丹、女真、蒙古、满洲的骑兵不止一次地越过长城，入主中原，去与农业文明融合，从而导致东北地区繁荣与荒芜的周期性交替。从公元4世纪鲜卑人南下，到1644年清军入关，东北各民族先后建立了北魏、辽、金、元、清等一度统治了中国北方乃至全中国的政权，对中国历史的发展产生了重大的影响。同时，这些民族每一次政治上的成功，都导致了东北地区人口大量向中原迁移，都使一度繁荣的草原和森林空旷起来。2000多年

乡土文化研究（第一辑）

来，中南部农耕、东部渔猎、中西部游牧的社会结构，一直没有改变。

吉林省的农耕——渔猎——游牧三大结构板块，一起维持到清朝中叶（18世纪中期）。清政府沿蒙古草原与东北南部辽河流域农耕地区边缘、长白山区与农耕地区边缘修筑了著名的柳条边墙，成为三大板块之间明确的分界线。但是，清朝中期，由于执行了"添丁进口，永不加赋"的低税收政策，以及国内统一生活安定，中原人口由清初不到1亿猛增到3亿。在人口剧增而耕地有限的压力下，中原人口开始向东北、西北、西南和海外迁移。这一人口迁移的浪潮，最终改变了吉林传统的三大结构板块。

（二）吉林地域文化形成的历史过程

近现代吉林地域文化的变迁，大致可以分为三个阶段，即流民——拓荒者阶段、殖民地半殖民地阶段和工业化阶段。

清军入关占据中原，使得满族的后方变得空虚起来。当时整个东北地区的人口不过百万，且主要人口集中于南部的辽宁。17世纪末，清朝的康熙皇帝镇压了西南地区的吴三桂为首的藩王的叛乱，将大批被俘的吴三桂军队的官兵及家属发配东北充当"站丁"和满族贵族的奴仆。同时，清朝政府残酷镇压了中原人民反对民族压迫的起义，又大兴"文字狱"禁锢思想。于是，大批政治犯被遣送到荒凉寒冷的东北地区。先后有数十万汉族人被发配到齐齐哈尔、墨尔根、伯都讷、阿勒楚喀、宁古塔、依兰、吉林乌拉等原属满族、蒙古族等渔猎、游牧民族居住的地区，将农耕文化扩展到东北的东、北、西部地区。

清朝中期以来，随着中原人口的增加，土地的压力，自然灾害的频繁发生，以及白莲教起义被清朝镇压，不断驱使中原地区的汉族农民铤而走险，冒死出关，越过柳条边，进入东北中、东部地区挖参采药，开荒种地。而留居东北的满蒙贵族，则也愿意招徕流民，扩大耕地，增加收入。据不完全统计，从公元1753年至1840年，共87年间，辽宁地区人口从80.7万人增长为221.3万人，增加约2倍。吉林地区人口从14.8万人增长为32.4万人，增加1倍多[②]。

这一阶段深刻地改变了东北地区的传统社会结构。在这一阶段，南部辽河流域的农业得到了充分的发展，中部则在草原和山区之间形成了一个南北纵横千里的农耕区。汉族人口上升为东北地区的人口主体。到1910年，东北人口已由清初不过100万增长为2158万人，增长了20倍，此间有2000万人来东北（包括他们在东北所生的后代）③。

　　从汉到明，中国历朝历代大多曾在东北从事过农业垦殖。但这种垦殖往往随中原王朝的兴衰、北方游牧渔猎民族的南下北返而周期性中断，在东北平原留下了数以百计的古城遗址。清朝汉族在东北农业垦殖的成功与持久，一方面归因于清朝是满族入主中原，长城不再是农耕民族与游牧渔猎民族之间的战争防线；另一方面，农业技术的改进也起了至关重要的作用。

　　由于气候寒冷，东北只能种一季庄稼。而当时的传统作物以小麦、谷子为主。这两种作物只适宜于在平原种植且产量又低，不似中原地区可种植两季。故没法支撑一个稳定持久的农耕社会。明末清初，西方人把印第安人的玉米和马铃薯传到了中国。这两种农作物既耐旱，又抗倒伏，又适宜于山区耕种并且高产。于是，玉米和马铃薯取代了小麦和谷子，成为东北地区持久农业的技术支持，并逐渐使农业取代了渔猎游牧的支配地位，推动东北从渔猎游牧半农耕社会转向农耕社会。

　　殖民地半殖民地阶段起于19世纪末20世纪初，止于20世纪中期新中国成立。清朝末年，西方列强入侵中国。1898年，沙俄攫取了中国东北的铁路修筑权。1905年日俄战争后，日本割占了大连，并夺取了南满铁路的修筑权。1931年九一八事变，日本帝国主义占领了整个东北地区，直至1945年第二次世界大战结束。期间日本帝国主义势力疯狂掠夺中国东北的财富，在东北修路开矿，伐木建厂。从山东、河北等地"闯关东"而来的农民就成为被这些工厂矿山吸纳的主要对象。哈尔滨、长春、大连、抚顺、鞍山、本溪、阜新、佳木斯、牡丹江、鸡西、辽源、四平、通化等大中城市随之形成。到1949年新中国成立，东北辽宁、吉林、黑龙江三省人口增加到3854万人。38年间增长了78%。而同期全国人口仅增长了 33%。此间有近 1000 万人从外地移民来到东北。

这一时期，东北以屈辱的方式接受了外来的冲击与奴役，接受了殖民地工业化和殖民地城市，从一个移民为主的嵌入型农业社会，转向工业化的起步阶段。

工业化阶段起自 1949 年新中国成立，止于 1979 年中国进入改革开放时期。新中国成立后，国家将东北作为重工业基地，加速了东北的工业化进程。东北成为全国的钢铁、煤炭、石油、动力、机械、精密仪器、运输工具、林业、粮食和铁路运输中心，工业产值、比重均占全国的 50% 以上。同时，国家有计划地组织移民，开发东北的东部和北部地区，先后移民达 1500 万人（含自发流动）。由于是国家的重工业基地，国有企业多，计划经济色彩浓，在东北的城市中，国家干部、国有企业职工占多数。

回顾近现代东北地区社会结构变迁的过程，我们可以看到一个以农耕—渔猎—游牧三大板块结合的社会结构，逐渐向以外来移民和农业社会为主的社会结构演变的过程。渔猎、游牧社会基本上已不复存在。因此，对现当代东北地区社会结构的分析，重点就应放在移民的本土化与农业社会向工业社会的转移上。

（三）外来移民的本土化

东北社会结构的变迁史，是一个以辽河流域为农耕社会桥头堡，逐步向北扩张的过程。解读东北地区社会结构的特点，应从农耕、渔猎、游牧文化融合入手。

中国传统的农耕社会，是一个典型的、成熟的农业社会。其特点在于：第一，以家庭为生产单位，而非西欧式的庄园经济；第二，大多数农民都是自耕农，都拥有或多或少的土地，而非领主的附庸；第三，重农轻商，注重土地投资而轻商业贸易活动；第四，安土重迁，崇尚安居乐业。

中国传统的渔猎、游牧社会的特点在于：第一，流动迁徙性强，其迁徙倾向是由东向西，由北向南，因而不断与中原文化融合；第二，军政生产合一，以适应流动迁徙性强的特点；第三，社会团结优于农耕社会，以适应由于频繁流动迁徙与邻居间不断的利益冲突。

在农业社会，农耕类型与渔猎游牧类型之间存在着冲突与依存的矛盾关系。一方面，定居的农耕民族与迁徙不定的渔猎游牧民族经常发生领地边界冲突，以至于战火连绵，互不相容。另一方面，农耕的畜力依赖于游牧社会，游牧渔猎的大量生活日用品（如衣料、茶、盐等）依赖农业社会提供。双方又存在着互补依存性。这就是几千年来渔猎游牧民族像磁石吸铁一般，在中原农耕文明四周不离不弃，从而形成了各民族统一的中华民族大家庭的一个重要原因。

由于东北的农耕社会是自南而北地嵌入的，嵌入的方式又是分散的、自发的，因此，东北的农耕社会是在游牧渔猎社会的包围下逐渐形成的，在许多方面受到游牧渔猎社会的影响。首先，从生产方式上看，以农耕为主，以畜牧为辅，农闲时兼渔猎；其次，大量使用马匹，马用来耕地、运输，农民多善骑马。再次，多数曾拥有武器，好斗尚武。1931年九一八事变，日本军队侵占东北。几乎一夜间东北组织起30万人的义勇军，与日本军队浴血奋战。1936年，由于日军强迫农民收缴武器，导致已习惯佩有武器的农民举行了著名的"土龙山暴动"，打死了一名日本大佐，组成了一支上万人参加的抗日军。时至今日，在东部山区和西部草原，这种农牧渔猎兼营的特点仍然存在。

同时，持续达300多年之久的大规模的移民浪潮，使得一代又一代移民不断本土化，形成了不同于中原农耕社会的独特结构方式。首先，家族性弱化，人际关系松散。在中原地区，一个亲属集团长期同居共处，形成了统治一个个村庄的大家族。如山东孔氏，在曲阜地区生息繁衍了2500多年。但在东北则不同。移民们往往不是以家族方式迁徙的，而是以个人或小家庭方式迁徙的。所以，东北的血缘关系和家族统治比中原地区要薄弱。其次，生存空间大，生活方式较悠闲。中原地区一年种两季庄稼，地少人多，劳动力大量外出打工。但东北地广人稀，自然条件好，一年只种一季庄稼，生存压力低，农民常一年闲半年。

这些特点与计划经济相结合，则形成了一种惰性的社会结构。首先，东北人的单位归属性强。单位是计划经济条件下的社会组织，对个人全方位管理，也全方位负责。单位成为无家族的移民们的家族集团替代品。其次，人际关系依赖性强。中国有句古话，"在家靠父母，出门靠朋友"。东北社会注重朋友圈子，正式的社会支持来自单位，非正式的社会支持来自朋友圈。张学良与蒋介石结拜兄弟，西安事变中自作主张，陪蒋回南京自投罗网，便是东北人重朋友讲义气的一大表现。再次，东北的资源依赖性强。东北开发较晚，资源富饶，使得东北农业长期依赖黑土地的肥沃和地广人稀，缺乏发达的灌溉系统和精耕细作方法。东北工业则侧重于生产原料，缺乏精细加工。又次，东北的文化保守性强。东北人本来大多是移民和移民的后代，但城市居民栈恋单位待遇，农民则宁可受穷，也很少外出打工。结果流动者的后代大都缺乏流动。这与同样是移民为主的美国社会形成强烈的反差。

上述特征使得东北地区的社会发展呈现出移民—加速—滞后三部曲。由于移民的冲击，东北地区仅仅用了300年时间，就从半原始的渔猎游牧社会一跃而成为中国农业机械化程度最高、粮食产量最多有农业社会，而且又一跃成为工业领先发展的过渡型社会。但是，1979年改革开放以来，东北地区的经济发展缓慢。从1979年到2000年，改革开放22年来各地区经济社会发展速度排序中，吉林、辽宁、黑龙江位居全国第20、25、29位。在20世纪80年代末90年代初中国大力发展市场经济的同时，出现了"第一次东北现象"，即国有大中型企业普遍亏损问题。在90年代末21世纪初中国加入世贸组织，又出现了"第二次东北现象"，即东北玉米、大豆滞销问题。而这些问题的解决，我们不能不去东北地区社会结构调整中去寻找方法。

首先，东北已由移民社会进入本土化社会。进入20世纪80年代，东北移民浪潮已基本停止，目前的人口流动大抵是流出大于流入。从1982年至2000年18年间，中国人口由10.1亿增长到12.7亿，累计增长了25%。同期东北人口则由9100万增长到10655万，增长了17%。远远低于全国的平均增长水平④。

其次，东北正经历传统的农业社会与传统的工业社会向现代工业社会和信息社会转型的阵痛。两次"东北现象"已表现出东北社会结构调整与转型的矛盾。为适应社会转型的需要，必须对东北社会的单位本位、人际关系非规范性互助与社会流动的保守趋向加以认真、彻底的改造，代之以市场经济社会需要的契约关系本位、科层化法制化的规范性人际互动关系，以及开放性和流动性。

同时，一个时代的结束，并不意味着一种文化的消失。文化的魅力不在于单一性，而在于多样性。当信息网络、现代消费、大众文化横扫全球的时代，草原上不再有牧童，森林里不再有猎人，大平原上也不再有豪爽仗义、骁勇尚武、开朗幽默的关东游子，广袤的东北原野该是多么寂寞与单调呵！

毕加索说"我讨厌模仿自己"。一个发展中的社会，更讨厌模仿他人。无论是中国，还是中国的东北，都应该选择有自己特点的社会发展道路，选择有自己特点的文化方式。

二、吉林文化的地位、性质和特点

（一）东北在中国社会发展中的特殊历史地位

振兴东北老工业基地是东北社会发展的又一个战略机遇。振兴意味着从衰落中崛起。衰落意味着曾经有过辉煌。辉煌—衰落—振兴，勾画出半个世纪以来东北社会发展的历史进程。面对振兴东北老工业基地的宏伟任务，我们有必要回顾东北社会发展的历史，寻找走出辉煌—衰落—振兴循环的途径，克服衰落，从振兴走向辉煌。

东北和黄河流域、长江流域一样，也是中华民族诞生的摇篮，是中华传统文化的发源地。其文化渊源可以上溯到兴起于辽西地区的红山文化。上古时期，殷商民族和东夷文化就起源于东北的辽河流域。在中国历史上，东北民族曾先后六次南下中原，深刻地影响甚至改变了历史的进程。

公元前 19 世纪前后，东北民族第一次南下中原。殷人起自东夷，自辽西越过燕山，与易水流域的有易部落发生冲突。殷商首领王亥被杀。继任首领上甲微杀有易之君绵臣，灭掉有易，进入华北平原⑤。六代以后，殷商首领成汤灭夏，建立商朝，控制了中原 500 余年。中国进入了奴隶社会的强盛时期。

4 世纪，东北民族第二次南下中原。鲜卑人为东胡之后，起源于大兴安岭东麓。西晋末年，天下大乱。鲜卑慕容氏、拓跋氏、宇文氏先后南下中原，建立了诸燕、诸魏和北周政权。386 年，鲜卑拓跋珪建立北魏，统一了中国北方。至 581 年，北周宇文氏政权为隋所灭，鲜卑人控制中国北方 195 年。

10 世纪，东北民族第三次南下中原。契丹人起源于西辽河流域。唐末势微，契丹崛起。907 年，契丹耶律阿保机建立辽朝，不断入侵中原。先后逼后晋、后汉、北汉政权称臣，割幽云十六州，逼北宋签订澶渊之盟。至 1125 年为金所灭，辽朝控制长城以北凡 218 年。

12 世纪，东北民族第四次南下中原。女真人为东北古老民族肃慎之后，起源于松花江流域。1115 年，女真完颜阿骨打建立金朝。1125 年灭辽。1127 年灭北宋。至 1234 年为蒙古所灭，金朝控制中国北方凡 109 年。

13 世纪，东北民族第五次南下中原。蒙古人为东胡之后，起源于大兴安岭，后向西发展，控制蒙古草原。1206 年，成吉思汗统一蒙古。1234 年灭金。1271 年，忽必烈定国号为元。1279 年灭南宋。至 1368 年为明所灭，元朝控制北方并统治中国凡 134 年，奠定了今日中国版图的基础。

17 世纪，东北民族第六次南下中原。满族为女真之后，起源于长白山区。1616 年，努尔哈赤建立后金政权，与明朝分庭抗礼。1636 年，皇太极改国号为清。1644 年，清军入关，至 1661 年一统天下，实现了中国历史上的最大版图。至 1911 年辛亥革命清朝灭亡，统治中国凡 267 年。

综上所述，在中国历史上，东北民族 6 次南下，影响并统治中国长达 1400 余年。自夏以来，中国有国家政权的历史仅 4000 多年。竟有三分之一的时间由东北唱主角。东北各民族为中华民族的形成和发展，为古代中国的繁荣和强盛，做出了不可磨灭的巨大贡献。

进入 20 世纪，东北又在现代中国的舞台上扮演了十分重要的角色。1905 年，日本帝国主义侵占东北大连，攫取南满铁路修筑权。1927 年，日本首相田中义一抛出了"惟欲征服支那，必先征服满蒙，如欲征服世界，必先征服支那"的侵略政策⑥。1931 年，日本帝国主义发动了九一八事变，武装占领了全东北。1937 年，日本帝国主义以东北为战略后方，发动了全面的侵华战争。

1945 年，日本战败投降。毛泽东同志在中共七大的结论中，高瞻远瞩地提出了争取东北的战略任务。他指出："东北是一个极其重要的区域，将来有可能在我们的领导下。如果东北能在我们领导之下，那对中国革命有什么意义呢？我看可以这样说，我们的胜利就有了基础，也就是说确定了我们的胜利。"⑦此后，国共争夺东北的喋血苦战整整打了 3 年。1948 年东北全境解放。东北野战军由出关时的 10 万人发展到 120 万人。东北成为解放全中国的大后方。东北的子弟兵从松花江一直打到海南岛，为新中国的诞生立下了汗马功劳。

新中国成立后，在第一个五年计划和第二个五年计划期间，国家又采取了重点建设东北工业基地的发展方针。此间苏联援建的 156 个工业项目，有 58 个投在东北。东北迅速从战场一跃成为新中国的重要工业基地，在矿产资源、工业、农业、林业、交通、文化、城市化以及生活水平诸方面，都位居全国前列，一度成为除上海、北京外，全国最发达的地区，为新中国的经济与社会发展起到了积极的推动作用。

总之，日本先占东北，后侵中原。蒋介石先失东北，后失天下。毛泽东先争东北，后得天下。新中国先建东北，后成工业化。从古到今，东北在中国的发展历程中始终举足轻重。从历史的角度看，振兴东北老工业基地，对于全面建设小康社会，的确有着十分深远的战略意义。

（二）东北社会间歇性发展的历史循环与原因

令我们感兴趣的不仅仅是东北影响和改变全国，问题在于东北一再影响和改变全国后，东北自身的发展如何？殷人南迁后，遗下箕、孤竹等小国，或为齐灭，或为燕逐。肃慎为周贡过弓弩，乌桓为曹操所破。1900 年间，东北各族散居偏隅，无大作为。鲜卑人南迁后，遗下契丹室韦，或游牧，或渔猎。高句丽扩踞辽东，终为唐破。渤海虽称海东盛国，亦为辽所破。500 年间，东北至多徘徊于半奴隶半封建社会。从辽至元，400 年间，统治重心递次南移。明灭元后，努尔哈赤崛起之前，200 年间，东北虽遍地卫所，但无强族。清军入关，东北遂成龙兴之地，筑边封禁。200 年内，白山黑水，人迹杳至。

综观古代社会，东北的社会发展走上了一条崛起—外迁—衰落，再崛起—再外迁—再衰落的历史循环之路。社会发展呈现出间歇性的特点。总是一个游牧民族，或者一个渔猎民族，在草原林莽间倏忽崛起，然后浩浩荡荡越过长城，逐鹿中原。他们一旦成功，则倾巢南迁，其故乡又回复到天苍野茫林海雪原的原始状态。所以，东北人的"驿动的心"，一次又一次从"终点又回到起点"。东北人每一次都几乎是从零出发，恰如徐志摩的诗："轻轻的我走了，正如我轻轻的来。我挥一挥衣袖，不带走一片云彩。"

这种间歇性的发展是游牧渔猎民族经济与社会发展的典型特征。东北的地理环境，东北古代民族的地理分布，东北古代经济和社会结构是三位一体，互相制约的。东北南部是辽河平原，东部是长白山区，西部是草原地带。与之相应，居住在辽河流域的汉族主要从事农业经济，属于农业社会；居住在长白山区的通古斯（肃慎）语族各民族主要从事渔猎经济，属于渔猎社会；居住在草原地带的蒙古（东胡）语族各民族主要从事游牧经济，属于游牧社会。辽河流域是中原的农业社会与东北游牧渔猎社会的结合部。中原王朝强大时，辽河流域就成为中原农业社会向东北扩大的桥头堡。西部草原是蒙古草原向东的延伸。从蒙古草原翻越大兴安岭，大兴安岭只是一道低缓的山峦。大兴安岭以东，则是水草肥美的草原。所以，大兴安岭东西两麓的游牧民族，极易相互融合，形成足以和中原抗衡的强大民族。匈奴余部融于鲜卑，突厥余部融于蒙古，契丹余部亦融于蒙古。这样，东北的社会发展就与长城内外各民族的发展紧密的黏合在一起。

农业社会和游牧渔猎社会之间相互依存与相互冲突，成为东北社会发展过程中的传统矛盾。游牧渔猎社会为农业社会提供畜力工具和御寒的毛皮，农业社会则为游牧渔猎社会提供盐茶和纺织品。这是相互依存的一面。但是，游牧渔猎民族的迁徙性又与农业民族相互冲突。游牧渔猎民族逐水草而居，随季节南北迁移。农业民族定居垦殖，必然为保护财产而抗阻游牧渔猎民族的迁移袭扰。由于游牧渔猎民族以骑射为本，全民皆兵，骁勇善战，具有很强的尚武性，在与农业社会的冲突中，往往在军事上占上风。每当中原王朝积弱、内讧或分裂，东北和北方的游牧渔猎民族便会踏破长城，入主中原。

由此导致了东北的间歇性和循环性发展。每当游牧渔猎民族取得了可喜的发展成就，还没来得及向更高的社会阶段飞跃，他们就被吸入中原，或作为臣民被同化进农业社会，或作为征服者被同化进农业社会。他们在草原和森林中的故乡逐渐荒芜，成为孕育下一个游牧渔猎民族重新崛起的摇篮。

东北老工业基地的崛起，结束了绵延近 4000 年间歇性发展的古老牧歌。但是，历史竟再一次重演，东北经济又重复了一次辉煌—衰落—振兴的循环往复。马克思说过："黑格尔在某个地方说过，一切伟大的世界历史事变和人物，可以说都出现两次，他忘记补充一点：第一次是作为悲剧出现，第二次是作为笑剧出现。"[8]笑剧的根源，不必再到游牧渔猎社会中去寻找，应该从农业社会和计划经济中去寻找。

东北的游牧渔猎时代，结束于清末中原农民向东北的大规模移民垦殖。清初至中，中国人口由 1 亿猛增到 4 亿。鸦片战争后，天灾人祸，中原农民流离失所，引发了中原人口向东北的大迁移。清军入关前，东北人口当在 100 万以上。1819 年，全国人口 30126 万，东北人口 223 万，

乡土文化研究（第一辑）

占全国人口的 0.74%。1910 年，全国人口 36782 万，东北人口 2158 万，占全国人口的 5.86%。1949 年，全国人口 54167 万，东北人口 3854 万，占全国人口的 7.0%。1957 年，全国人口 64653 万，东北人口 5120 万，占全国人口的 7.9%。2000 年全国人口 129374 万，东北人口 10655 万，占全国人口的 8.2%[⑨]。由此可见，东北人口占全国人口的比重呈总体上升趋势，其增长速度远远高出同期全国人口增长速度。大量外来人口及其后裔，当是东北人口的主体。

中原农民向东北的大迁移，迅速使农业上升为东北的主导产业和主流社会。这与美国早期开发的历史，在时间和规模上有很大的相似之处。不同之处在于，美国的农业开发和工业进步几乎同时发展，而近代东北的农业开发却缺乏美国那样的工业背景。肥沃的黑土地、丰富的自然资源、广阔的发展空间，像磁盘一样把东北农民牢牢吸纳在小农社会之中，使他们缺乏走向工业社会的内在动力。

东北的工业化是在殖民经济和计划经济背景下发展起来的。19 世纪末，俄日帝国主义势力相继染指东北。随着大连的殖民地化，中东铁路和南满铁路的修筑，大连、长春、哈尔滨等城市相继发展起来。奉系军阀张作霖和张学良父子为扩大势力，也推动了沈阳、吉林、齐齐哈尔等中心城市的发展。九一八事变后，日本帝国主义为疯狂掠夺东北的丰富资源，客观上加快了鞍山、本溪、阜新、通化、辽源、鸡西、鹤岗等资源性城市的发展。据 1943 年调查统计，东北煤产量 2532 万吨，占全国煤产量 49.5%；发电能力 107 万千瓦，占全国 78.2%；生铁产量 171 万吨，占全国 87.7%；钢材产量 49 万吨，占全国 93%；水泥产量 150 万吨，占全国 66%；铁路 1.4 万公里，占全国 33%；公路 10.8 万公里，占全国 50%[⑩]。

新中国成立后，东北彻底甩掉了殖民经济的影响，在中央政策的大力倾斜和支持下，迅速发展成为中国具有支撑意义的重要工业基地。大庆、加格达奇、七台河、松原、乌兰浩特等工业城市迅速崛起。1978 年，辽、黑、吉三省人均工农业产值位列全国第四、第六、第八，东北是除三大直辖市外，全国经济最发达的地区。但是，改革开放以来，东北日渐落伍。2002 年，辽、黑、吉三省人均 GDP 位列全国第八、第十、第十三，由最发达地区滑落为中部地区，而且面临着严重的资源枯竭、国企职工下岗和企业倒闭等问题。于是，"终点又回到起点"，辉煌又变成衰落。

与往昔的衰落不同的是，古代的衰落循环是主体外迁所至，今日的衰落是外来主体嵌入所至。殖民经济是外来的，计划经济是自上而下的。东北经济虽然几度辉煌，但其社会结构和文化根源始终是外向流动的，而非自主内生的。这才是东北社会间歇性发展的真正根源。从社会结构和文化根源上看，东北社会是由三部分人组成的：游牧渔猎民族的后代，从中原"闯关东"移民及其后代，计划经济时期调配来的干部知识分子及其后代。这种社会基础与计划经济相结合，产生了东北人对自然资源和外部条件的依赖性。在丰富的自然资源和优越的外部条件下，东北人完全可以创造任何人间奇迹。努尔哈赤仅凭 13 副盔甲起兵，就可以征服天下。"闯关东"的移民赤手空拳，能把千古荒原开垦成中国最大的粮仓。大庆油田和鞍钢的工人，高高举起中国工业战线的红旗。但是，一旦自然资源不再丰饶，外部条件不再支撑，东北社会缺乏自主内生性发展潜力的弱点就会暴露无遗。有自主创造力的精英阶层往往会效法"仰慕中原王化"的祖先，沿着当年南下的足迹一走了之。而大众阶层则需要很长一段时间适应环境，蓄积精英，以图再起。如是循环往复，不断重演辉煌—衰落—振兴的历史进程。

游牧渔猎的时代消逝了，"闯关东"的时代结束了，计划经济的时代一去不返了，辉煌—衰落—振兴的怪圈也不应再次重演了。振兴东北老工业基地，给东北带来了重新振兴的又一次历史机遇。中央的政策倾斜和支持又给东北送来了优越的外部条件。如果仅有外部条件，没有内部变化，谁又能说若干年后，不会出现又一次新的衰落呢？

振兴东北老工业基地，必须克服间歇性发展的历史局限，代之以持续性发展的社会机制。因此，我们必须在改造客观世界的同时，努力改

造主观世界，改造传统的地域文化，追寻适应持续性发展需要的文化
精神。

（三）吉林地域文化的本质定位

地域文化（Regional culture）是民族文化的重要组成部分。常言道，
一方水土养一方人。文化是人与环境互动的产物。文化形成于人改造自
然的活动过程之中，是人类社会改造自然、发展社会的成果。因此，环
境的烙印深镌于文化之中。不同的地域风格，不同的民族背景，不同的
历史传统，熔铸出的不同品格的文化。古人云："凡民函五常之性，而其
刚柔缓急，音声不同，系水土之风气，故谓之风；好恶取舍，动静亡常，
随君上之情欲，故谓之俗。"[⑪]中国传统文化是多民族、多地域不断融合的
结果，因而形成了不同民族、地域多元一体的文化格局。

东北文化是中国文化多元一体格局中的重要组成部分，吉林文化又
是东北文化辽、吉、黑三大区域文化中别具特色的一大区域文化。吉林
文化与中国其他地域文化一样，有着古老而又悠久的历史传统。

吉林省地处东北地区中部，东枕长白山林海雪原，中居松辽平原黑
土地腹地，西连内蒙古科尔沁茫茫草原，松花江清流碧水自东南向西北
贯穿其间。根据考古发现，距今 7 万年至 1 万年前，"榆树人"、"安图
人"、"青山头人"就已生活在这片土地上。吉林又是东北古代汉、东胡、
秽貊、肃慎四大族系交汇之地，东胡族系的乌桓、鲜卑、契丹、室韦、
蒙古，秽貊族系的夫余、高句丽，肃慎族系的肃慎、挹娄、勿吉、沃沮、
女真、满洲等古代民族，都曾在吉林大地上演过一幕幕鲜活壮阔的历史
活剧。早在战国时代，吉林的西南部就已纳入了燕国辽东郡的疆域。到
汉武帝时代，吉林省南部属汉玄菟郡和真番郡、沧海郡治辖。在吉林境
内兴起的夫余、高句丽、渤海，以及辽、金、后金等地方政权，对中国
古代历史都产生过一定的，乃至于重大的影响。在近现代中国革命的历
程中，吉林各族人民前仆后继，用鲜血和生命铸就了吉林人民英勇不屈
的斗士形象。无论是抗倭抗俄，还是东北义勇军、东北抗日联军的浴血
苦战，还是三下江南、四保临江、四战四平，吉林大地上高扬着爱国主

义、英雄主义的旗帜。在和平建设和改革开放的岁月里，吉林人民在黑土地上建设了肥沃的粮仓，汽车城、化工城、大学城、电影城，脚步坚实地追赶现代化的步伐，在中国现代文化的画卷上留下了浓重的自成体系、别具一格的笔墨。

抚今追昔，环顾左右，吉林文化别具一格，自成体系。

首先，从地理构成看，吉林文化属于东北农耕、游牧、渔猎三大文化类型的过渡、融合类型。东北文化大体可分为辽河流域、松嫩平原、西部草原、东部山区四大地理板块，相应形成了辽河流域、松嫩平原两大农业区与西部游牧区和东部渔猎区。从历史上看，辽宁文化偏重农耕，开发较早，始终是中原文化的重要组成部分。黑龙江文化则偏重渔猎，开发较晚，边疆文化特色浓重。唯独吉林文化，兼有农耕、游牧、渔猎三大文化传统，三种文化影响在历史上时进时退，各领风骚，因而形成了有别于辽宁、黑龙江的文化传统。

其次，从民族构成看，吉林文化属于多民族融合形成的文化，富有多元一体的特征。从历史看，辽宁以汉族为主，黑龙江以肃慎族系为主，唯吉林境内汉、东胡、秽貊、肃慎四大族系不断融合，各民族成分不停地在历史长河中碰撞、融合、再生。时至今日，仍保存着东部满族、朝鲜族，西部蒙古族，中部及遍及全省的汉族的民族分布格局。

再次，从经济构成看，吉林文化属于农业社会、工业社会、信息社会三种类型的过渡状态。辽宁工业比重大于吉林，黑龙江则以林矿业等资源性产业为主，唯吉林省至今仍为国内一农业大省，粮食产量大省，同时兼有汽车工业、化学工业、医药业、光电子业等优势。异军突起的长春等中心城市正加速奔向信息社会，而大多数县市仍处于以农为主的农业社会向工业社会过渡的阶段。出现了吉林经济与社会发展的不平衡性。

再次，从历史构成上看，吉林文化属于东北开发过程中的中间过渡地带。晚于辽宁，而早于黑龙江。在古代，中原王朝以辽河流域为桥头堡，通过吉林而影响、统治黑龙江流域。是农业文明与游牧、渔猎文明互相争战、拉锯、交流、融合的中介地带，吉林、集安、敦化曾是夫余、高句丽、渤海的首都和统治心脏，辽则通过泰州（今白城塔虎城）和宁江州（今松原市）控制女真，金则通过黄龙府（即隆州，今农安）控制东北中部。进入近现代，吉林又成为日俄帝国主义势力瓜分东北的中间地带，长春成为伪满洲国"首都"长达 14 年之久。解放战争中，吉林又成为国共两大政治势力争夺东北的中间地带。辽宁是国民党军队的控制区，黑龙江是东北我军的大后方，国共两军在吉林大地上拉锯作战，一争雌雄。时至今日，吉林仍保留着东北经济与社会发展的中间、过渡状态的位置。足以说明这一历史传统沿袭至今。

（四）吉林文化的特点分析

恩格斯说："我们自己创造我们的历史。"[12]任何文化都是人的活动的积淀，都是历史熔铸的结果。综合上述，我们可以概括出一些吉林文化的地域特点。

首先，兼收并蓄、博采众长的文化包容性。历史上的多样性、过渡性、中介性和融合性，形成了吉林文化海纳百川的宽阔胸襟。吉林大地多民族交汇，多样式文明合流，作为主要居民的汉族又来自祖国各地。据人口资料统计，1753 年，吉林省（与今辖地域不尽相同）人口 14.8 万人，至 1910 年为 553.8 万人，至 1949 年为 1009 万人，至 2001 年为 2728 万人，按同期中国人口平均增长速度计算，吉林人口的绝大多数来自移民人口。大量外来人口的移入使得人们不得不习惯于同各种不同的人群交往，大批量离乡背井的人涌入陌生的土地，使人们无法原封不动地移植故里的文化，不得不接受、学习各种不同的文化。大量外来的人口要向满族学习渔猎，向蒙古族学习放牧，向朝鲜族学习种植水稻，向汉族农民学习种玉米，向城市里的工人学做工。久而久之，养成了吉林文化的不排外，不欺生，热情好客，乐善好施，善于交往的传统。

其次，粗放豪爽、放任不羁的英雄主义文化品格。吉林东有莽莽林海，西有辽阔草原，天有狂风暴雪，地有高山大河，兼之开发较晚，土地蛮荒，地广人稀，空间广阔，养成了一种粗放豪爽、放任不羁的性格。

吉林人吃的是大饼子，大葱蘸大酱，过的是大山大河，说话大嗓门，睡的是大炕，做起事来大手大脚。鬼子来了，吉林人不低头，杨靖宇战死不投降，魏拯民饿死不下山。老蒋来了，吉林人不后退，就是不让敌人过松花江。三下江南、四保临江、四战四平，一直把红旗插到五指山天涯海角。抗美援朝，吉林省出的志愿军烈士，在全国各省排第三，仅次于山东、四川，而吉林省人口仅居全国第二十一位！不肯低头的英雄主义，是吉林文化的骄傲。

第三，教育普及程度高，城市意识鲜明的现代文明素质。吉林省在新中国成立后是开发较早的工业基地，城市化水平高，教育与科研机构多。吉林省城市化水平居全国第七位。2002年吉林省城镇人口占人口比重为50%，而全国平均值为36.5%，高出全国平均水平13.5%。吉林省城市分布率居全国第六位。2002年吉林省有市县区60个，其中市区及县级市达39个，城市分布率为65%，高出全国平均水平29%。吉林省人口文化素质高，人才潜力大。2002年吉林省初中文化程度人口占15岁以上人口比重为55.9%，居全国第六位。每万人口医生21.9人，居全国第八位。每万职工专业技术人员2854人，居全国第十三位。

第四，组织纪律性强，注重团结合作的社会交往习惯。一方面，吉林文化是由渔猎、游牧、移民社会融合而成。这三种类型的社会都注重社会团结。渔猎、游牧社会流动迁徙性强，军政生产合一，社会团结程度高。外来移民无依无靠，"在家靠父母，出门靠朋友"，亦注重社会团结。另一方面，吉林工业化进程开始较早，工业化程度较高。作为老工业基地，相对较早地接受了先进生产方式的洗礼，组织纪律性强，同样注重社会团结。故新中国成立60年以来，除"文化大革命"期间外，吉林社会形势相对稳定，人和风气较浓。

吉林开发晚，生存空间大，外来移民多，又是老工业基地，也给吉林文化带来一些副作用。

首先，生存压力小，生活方式悠闲，社会惰性强。吉林中部是著名的产粮区。由于地广人稀，开发晚，自然环境未被严重破坏，故风调雨顺。农民们习惯于一年种一季庄稼，靠山吃山，一年闲半年，喜娱乐而不吃辛苦。

其次，计划经济传统浓厚，单位归属感强。单位是计划经济条件下的社会组织，对个人全方位管理，也全方位负责。对于失去了家族背景的大量的外来移民，单位也成为家族支撑条件的替代品。故吉林市民靠单位，农民靠政府，个人自立性较差。

第三，人际关系依赖性强。吉林人大多数为外来移民，无家族无亲属性的孤独感促使人们注重社交，重朋友讲义气，个人的社会地位往往不取决于个人奋斗的成功，而取决于社会关系的平衡。久而久之养成了不重规则重人情，不计效益重礼仪，不重个人能力重关系网的惰性。

第四，经营粗放，对资源的依赖性强。吉林开发较晚，资源富饶，故经营粗放，农业长期依赖黑土地的肥沃和地广人稀，缺乏发达的灌溉系统和精耕细作的方法。工业则偏重林矿等原料生产，缺乏精细加工能力。

第五，流动性低，保守性强。吉林人本来大多是移民和移民的后代，但市民栈恋单位待遇，农民则宁可受穷，很少外出打工。在民工潮中，鲜有吉林打工仔。拥有300万城市人口的长春市，仅吸纳了十几万外来打工者，其中本地农民仅占20%。结果移民的后代大多不流动。

第六，不敢为天下先的等靠意识。吉林地处东北中部。这种中间性、过渡性也养成了上看龙江、下看辽宁的习惯，严重阻碍了首创精神的发挥。

正是上述原因，造成了吉林文化小农意识、计划经济意识、官本位意识浓厚的缺陷。正如王云坤同志在省八次党代会上所言，"作为农业比重较大的省份，传统农业生产方式滋生的小农意识在人们的思想观念中积淀较深；相对优良的资源条件，客观地形成了人们满足现状、小富即安的生活态度；长期计划经济体制的束缚，养成了人们蹈矩、依赖的思维定势"。

（五）吉林文化的当代走向

文化不仅是人类改造自然和社会的活动成果，同时也是经济与社会发展的必备条件。欲大力发展生产力，必大力发展科学技术，提高劳动者的文化素质；必调整社会体制，建立健全社会主义市场经济规则与秩序。因而也必须"发展社会主义民主政治，建设社会主义政治文明"。所以，为落实省八次党代会提出的"努力实践'三个代表'重要思想，为实现吉林经济跨越式发展和社会全面进步而奋斗"的战略目标，我们必须"结合新的实践和时代要求，取其精华，去其糟粕，积极进行文化创新，培育和弘扬具有吉林特色的优秀文化精神"。

培育和弘扬具有吉林特色的优秀文化精神，首先要把吉林文化的发展和塑造置于当代社会发展的背景之中。我们应当根据当代社会活动节奏的加速化、活动方式的信息化、活动群体的全球化，来探索发展吉林特色文化的新思路。在加速发展的社会变革面前，我们必须大力弘扬开拓创新、与时俱进的时代精神，开掘吉林文化自身拓荒者的传统，大力弘扬创业精神，发展创业文化，鼓励全民创业，发展本土经济，实事求是，解放思想，更新观念，锐意进取；抛开不敢为天下先、依赖资源，依赖人际关系，依赖单位的传统思维定势。在社会信息化的挑战面前，我们必须大力弘扬科学精神，开掘吉林文化素质的优势，尊重知识，尊重人才，尊重文明，尊重规律，破除官本位意识和小农意识，把科技兴省、人才兴业的兴省战略落到实处。在经济全球化的挑战面前，我们必须大力弘扬兼收并蓄、博采众长、海纳百川，襟怀四海的时代精神，加大对外开放力度，虚心向国内发达地区地域文化优势学习，大胆学习国外先进的技术与管理方法，破除小富即安、不思进取、惧怕流动的社会惰性。

第二，要按照社会主义市场经济的需求，塑造吉林文化的新形象。我们应当从农业社会向工业社会、信息社会转型的高度，摈弃吉林文化传统中的小农意识，转换舞台和背景，用工业精神改造农业文化，用信息文化去提升工业思维。我们应当从传统文化向现代化转型的高度，摈弃吉林文化传统中心计划经济意识和官本位意识，按照市场经济的要求，大力弘扬契约精神、信用意识、平等观念、竞争思维、创业精神和敬业精神。

第三，要按照社会主义先进文化前进方向塑造吉林特色文化，倡导先进文化，发展现代文化，改造传统文化，提升大众文化，抵制低俗文化，扫除腐朽文化，批判反动文化，大力弘扬爱国主义、集体主义、社会主义的世界观、人生观和价值观，发扬吉林文化的英雄主义气概，注重团结的传统和健康活泼的风格，努力走在先进文化的前列。

第四，新的创业精神应该是一种自主精神。所谓自主，就是主动进取，主动求变，不求依赖的精神。吉林是块黑土地，是世界上与美国密西西比河沿岸、乌克兰草原相媲美的三大黑土地之一。祖先们闯关东到黑土地上，开垦出肥田沃土；但后代们在传统农业社会的条件下，吃黑土，靠黑土，把先民们的开拓进取精神消磨在黑土地上，反转为一种依赖性，缺乏主动性。时至今日，未能总体上走出传统农业社会的束缚。吉林是老工业基地，时至今日，国有经济仍占全省工业比重的82.5%。农民们被黑土地吸牢，市民们被计划经济影响下的单位吸牢。在吉林省城镇的大街小巷，有几个人没有单位？长期的单位本位使人们养成了吃单位、靠单位的习惯。在相对优越的自然条件和极度发达的单位制度的熏陶下，吉林人缺乏整体的自主性，有着过多的依赖性。振兴吉林，必先从依赖性中走出来，走出一条自主创业的道路。

第五，新的创业精神应该是一种工商精神。所谓工商精神，是通过兴办实业，追求物质财富增长与社会进步的精神。马克思·韦伯在分析资本主义与新教伦理之间的关系时认为，欧洲新教徒迁移美国后激发出的创业热情，不仅仅是受贪欲的驱动。追求物质财富的贪欲人人具有，美国经济的迅速崛起，与其说是贪欲的驱动，不如说是找到了一种追求物质财富的欲望得以合理化的实现方式。这就是通过合理的竞争和个人努力，殖产兴业，增加物质财富，推动社会发展的精神。求生历险的创业是一种生存挣扎，是不自觉的、本能的。生存压力一经缓解，创业热情就会降低乃至消散。20世纪50至60年代，艰苦奋斗、奋发图强的创业精神是一种自觉的爱国热情，是政治化的。在市场经济条件下，需要把政治热情与经济热情结合起来，把政治热情转化为积极的经济热情。现代化的、科学的、积极的经济热情，正是我们所说的现代工商精神的体现，也是适应社会主义市场经济体制所必需的。所谓工商精神首先是一种务实精神，个人和团体的社会地位，应与个人与团体对社会作出的实际贡献相适应。人不但要追求造福社会的崇高理想，还要有造福社会的实际行动和效果。无论直接也罢，间接也罢，要看能否推动社会的经济基础的发展。在一个以经济建设为中心的年代，求实的最终落实是经济效益的提高和经济行为的进步。其次，工商精神也是一种事功精神，即通过殖产兴业、扩大财富来实现个人和社会的理想。马克思强调经济基础决定上层建筑。所以，一个社会的主要构成应与主导经济相关。在现代工业化和市场经济下，传统农业社会正在非主流化。计划经济时代造成的过度的行政化和社会事业化也正退出主流地位。应该有更多的人，特别是主流人才，投身到工商行为中去，这样才能在市场经济时代成为主流，东北和吉林才能实现振兴。

第六，新的创业精神应该是一种科学精神。创业必先创新，但并非一切求新求实求利的行为都是创业精神。创新必须突破成规，但并非不要规则。传统农业社会和计划经济社会的最大弊病是人治不是法治，是规矩太多太死而不科学，是不改则已，一改则乱。科学的创业应该是"出新意于法度之中"，是在求新中探索规律和规则。振兴老工业基地，关键是要解决计划经济向市场经济的体制转型和传统工业社会向新型工业社会的社会转型。创业固然要创出实业，但创出实业的可靠保证是创出有利于兴业的规则系统。自主精神并非随心所欲，工商精神也非拜金主义。自主精神是人自身对其行为的合理支配和选择，工商精神是对财富的合理追求。

作为目的和动机，精神先于行动。作为反映和认识，精神形成于行动之中。如何打造新的创业精神，取决于如何改造老工业基地。振兴老工业基地需要国家的政策倾斜和财政支持，这是外部条件。如果没有合理利用国家政策倾斜和财政支持的思想认识和精神观念，很可能过一段

087

乡土文化研究（第一辑）

时间又会使大量的财富投入转化为新的"老工业基地现象"。东北不应不断重复那种间歇性发展的历史。所以，我们需要大声疾呼：

"振兴东北，必先振奋精神！"

注释：

① 黑格尔：《历史哲学》，三联书店，1958年，第62页。

② 张博泉：《东北地方史稿》，吉林大学出版社，1985年，第444页。

③ 马宇平：《中国昨天与今天》，解放军出版社，1989年，第3、4页。

④ 国家统计局：《2000年第五次全国人口普查主要数据公报》，2001年。

⑤ 《山海经·大荒东经》："王亥托于有易河伯仆牛，有易杀王亥，取仆牛。"郭璞注引《古本竹书纪年》："殷王子亥宾于有易而淫焉，有易之君绵臣而杀放之，是故殷主甲微假师于河伯以伐有易，灭之，遂杀其君绵臣也。"

⑥ 复旦大学历史系中国近代史教研组：《中国近代对外关系史资料选辑》下卷，第一分册，上海人民出版社，1977年，第143页。

⑦ 《毛泽东文集》第3卷，人民出版社，1966年，第410页。

⑧ 《马克思恩格斯选集》第1卷，人民出版社，1995年，第584页。

⑨ 马宇平：《中国昨天与今天》，解放军出版社，1989年，第1、2、372页。

⑩ 《中国人民解放军第四野战军战史》，解放军出版社，1998年，第28页。

⑪ 《汉书·地理志（下）》。

⑫ 《马克思恩格斯选集》第4卷，第477页。

刘玉堂

走进楚文化　感知湖北人

——楚文化与湖北人的性格特征漫谈

主讲人简介：

刘玉堂，毕业于武汉大学，史学博士。现任湖北省社会科学院副院长、研究员、博士生导师，武汉大学、华中科技大学、武汉理工大学、北京工业大学、湖北工业大学等高校兼职教授，湖北省政协委员，湖北省人民政府文史研究馆馆员，湖北省人民检察院专家咨询委员会委员。社会兼职主要有中国民族史学会副会长、中国建筑园林研究会常务理事、湖北省楚国历史文化学会会长、湖北省三国文化研究会会长、湖北省荆楚文化研究会副会长、湖北省炎黄文化研究会常务副会长等。

关于"楚文化与湖北人的性格特征",我想从以下这六个方面来谈。

一、什么是楚文化

什么是楚文化?楚文化就是由楚人创立的一种文化,那么楚人这个概念是又该怎么解释呢?楚人简单地说就是楚族人和楚国人。如果以楚国从周成王正式分封楚人熊绎为子爵,也就是分封为他们的"王"算起,那么楚国从受封到公元前223年被秦国灭掉约800年时间,所以我们常说楚国立国800年。如果以楚族人为标志,楚文化却可以往上延伸一段时间,至少可以延伸到商朝中晚期。那我们以它的上限也就是公元前13世纪为起点,到它的下限即公元前3世纪为终点的话,楚文化实际上已经超过了1000年。所以宋代大诗人陆游说楚"远接商周祚最长,北盟齐晋势争强"。意思是说楚国是从商周以来的国家,它的国运在先秦的诸侯国中是最长的,也只有楚国可以和北方的齐国、晋国相抗衡,这是对楚国的一个客观评价。

由此可以看出,楚文化是由楚人创立的在楚地生长起来的一种文化。公元前223年,秦国灭亡了楚国,楚文化作为一种独立的文化个体应该说从当时的文化地图上消失了。汉朝建立后融合了各个地方的区域文化进而形成了汉文化,而楚文化也就从汉朝开始逐渐演变成了汉文化中的一些重要元素,也就是后来的中国传统文化的一个重要组成部分。

二、楚文化与湖北人性格特征的关联

楚文化与湖北人性格特征有没有关联?这个答案是肯定的。首先从文化地理上看，其实汉代的大史学家班固已经说得很清楚了。班固《汉书·地理志》说了这样一段话："凡民函五常之性，而其刚柔缓急，音声不同，系水土之风气，故谓之风；好恶取舍，动静亡常，随君上之情欲，故谓之俗。"前一句的意思是说自然环境对民族的性格有重要影响，后一句话是说社会环境影响人们的观念和行为方式。而且民间也有这样的表述："一方水土养一方人"，就是说自然环境对人的性格有重大的影响。还有一种说法是"十里不同风，百里不同俗"，这里是说社会环境对人的影响。其实人的性格的形成不外乎两个方面：一个是自然环境，一个是社会环境。社会环境就是我们所说的文化环境。事实上，如果从大文化的概念着眼，那么自然环境也和文化有关。现在我们有一门学科是文化地理学，它研究的重点就是地理与人文的互动关系以及对人的性格形成所产生的作用。

其次从历史地理上看，楚国疆域的发展经历了三个阶段，无论是哪个阶段，它都跟湖北联系紧密。从早期的楚国来讲，它主要是包括了湖北的大部和陕东南、豫西南的一部分。中期的楚国就包括了湖北、湖南全部和江西的大部分，另外还有陕东南和河南南部、重庆东部、安徽西部这一大片地方。到了晚期的楚国也就是最鼎盛时期的楚国，它的版图包括湖北、湖南、江西三省的全部和河南的大部分，西北到了陕西的白河；东北界，楚国灭了鲁国直达山东的南部；东南界，楚国灭了越国，而在这之前，越国就灭了吴国，所以整个江浙，包括上海都是楚国的领土；南边过了五岭，就是到了现在的广州东北部；至于西南，广西和贵州的东部已经是楚国的领土。楚国甚至有一支远征军到了滇池，就是现在的昆明。这是指楚国版图最大的时候。也就是说，楚国无论从它诞生还是到它最鼎盛的时期，湖北一直是楚国最核心的部分。所以无论是从地域的角度、自然环境的角度，还是从人文的角度，楚文化一直对湖北人产生着重要的影响。

前面说过，汉代统一以后，虽说楚文化作为一种独立的文化个体已经不存在了，它融入了汉文化也就是后来中国传统文化之中；但是作为一种地域文化，楚文化早已经融化到了湖北人的血液中，对湖北人的价值观念、行为方式乃至风俗习惯都产生着深刻而持久的影响。

三、楚人和湖北人相似的标志物

楚人和湖北人有什么相似的标志物？这个标志物是什么？真是无巧不成书，楚人和湖北人都有自己的标志物，而且这个标志物非常接近，楚人的标志物是九头凤，湖北人的标志物是九头鸟。为什么说楚人的标志物是九头凤？有许多证据。首先楚人往往把贤能之士比做凤凰，如屈原有这样的诗："凤皇在笯兮，鸡鹜翔舞。"意思是凤凰被关在囚笼里，野鸡满天飞舞。这里凤凰就比喻贤臣，比喻仁人志士；鸡鹜就比喻奸臣，比喻奸佞小人。又如楚庄王刚即位的时候，沉溺于声色犬马，不理朝政。大夫伍参为了劝他，对他讲了一个故事，他是这样说的："一个山坡上飞来了一只鸟，三年不飞也不鸣，请问这是一种什么鸟？"楚庄王说："这是一只神鸟，三年不飞，一飞冲天！三年不鸣，一鸣惊人！"在这里，伍大夫把楚庄王比作凤凰，楚庄王也把自己比作凤凰。所以，时人往往把楚人比作凤凰，楚人也常常把自己比作凤凰，这在当时是一个事实。

其次，在《山海经》这部我国最早的历史地理著作中，把楚人崇拜的一种鸟叫做九头凤，或者九凤神。

再次，楚人甚至认为他们的祖先祝融死后，"其精为鸟，离为鸾"。就是说他的灵魂化为一只凤鸟，鸾也是凤的一种，常与凤并称对举，如"鸾凤和鸣"。可见，楚人的标志物是九头凤这是没有疑问的。

那么湖北人的标志物是什么呢？是九头鸟！"天上九头鸟，地上湖北佬"这句口头禅可以说是妇孺皆知。你到全国任何一个城市，只要说你是湖北人，人家的第一反应就是九头鸟。楚人是九头凤而湖北人是九头鸟，但在现实生活中只有鸟而没有凤，凤就像龙一样，只在神话传说世界里边存在，如果我们让九头凤回到现实生活中来就是九头鸟。凤鸟凤鸟，凤是百鸟之王，是虚拟的，不是实在的，实在的只有鸟。由此看来我们也可以说楚人和湖北人的标志物都是九头鸟。

四、楚人和湖北人标志物的褒贬

九头鸟到底是褒义的还是贬义的，或是褒贬兼有？我觉得对于九头鸟很难用褒义或者贬义来做简单区分，应该是褒贬兼有。

我举三类人物对九头鸟的看法来作为证据：一是古代著名的政治家；二是现代的政治人物；三是普通大众。

第一类人是古代的政治家，我举两个：一个是张居正；一个是刘基也就是刘伯温。将湖北人和九头鸟直接挂钩的就是从张居正这个时候开始的。张居正执政的时候正值吏治腐败，贿赂公行，老百姓怨声载道，朝野动荡不安。皇上要求张居正整顿朝纲，张居正意识到贪污贿赂是当时最严重的问题，就挑选了九个巡按，用现在的话来说就是反贪局长。这九个巡按奔赴全国各地暗访一年之后查获了大批贪官，依法进行了严惩，一时间，风清气正，海晏河清，老百姓拍手叫好，都说真是"天上九头鸟，地下湖北佬"！为什么要这样说呢？因为张居正挑选的九位巡按也就是反贪局长都是湖北人，很显然这里的"天上九头鸟，地下湖北佬"是说湖北人精明强干，刚直不阿，完全是一种正面的形象，是歌颂张扬湖北人。另一个人物同样是古代著名的政治家，他就是刘伯温，是朱元璋的谋士。朱元璋能够夺取政权，刘伯温的功劳非常大。朱元璋当了皇帝之后别人就问他，元末农民起义有三支队伍，朱元璋还有陈友谅和徐寿辉，论实力你并不是最强大的，论才智你并不比其他二位更高，为什么夺取政权的偏偏是你呢？朱元璋就说你去问我的谋士刘伯温。别人就去问刘伯温，刘伯温说，这个问题你去看看我写的一本书就知道了，这本书叫《郁离子》。刘基在这本书里讲了一个寓言故事。故事是这样说的，从前有一只鸟，这只鸟长了九个头，但是给它吃的食物只有一盘，这九个头为了多吃食物拼命地争抢。把食物吃完后，九个头就你啄我，我啄你，啄得头破血流，死伤大半。当剩下三个头时，有一个头停下来看另外两个头斗，等它们两败俱伤的时候，这个头再把它们一一啄死，它自然就成了唯一的头了。事实上刘基在讲九头鸟的故事时并没有直接和湖北佬挂上钩，但是人们隐约感觉到他是在讥讽湖北人。因为三位农民领袖中有两位都是湖北人，陈友谅是湖北仙桃人，徐寿辉是湖北罗田人，只有朱元璋是安徽凤阳人。刘伯温并没有点明，一直到现代有一个文学家、作家林语堂写了一本书叫《吾土吾民》，才把刘伯温的话点明并加以发挥。书中有这么一段话，大意是在长江的中部、湖北的腹地有个叫汉口的地方，那里的人精明过人但却老奸巨猾。这个地方的人好斗就像吃辣椒一样，其他地方的人也喜欢吃辣椒，比如四川、湖南。但这个地方的人认为光吃辣椒不过瘾，把辣椒放在锅里用油煎，叫做虎皮青椒，认为这样才过瘾。他认为这个地方的人就像虎皮青椒，既聪明过人也老奸巨猾还喜欢窝里斗。在林语堂看来九头鸟的形象是不好的。

第二类人即现代政治人物对九头鸟的看法，我也举两个人：一个是毛泽东，一个是蒋介石。毛泽东对"九头鸟"的评价是肯定的，红军长征到达陕北的时候，毛泽东面对着从湖北大地走去的红四方面军、红二十五军、红二方面军发表了激情澎湃的讲话。大意是这样的：同志们，天上九头鸟地下湖北佬，敌人五次围剿砍掉你们五个脑袋，你们还有四个脑袋，九头鸟不得了，九头鸟要翻天呢！这完全是褒义的。同样是政治人物，蒋介石的看法完全不同。大革命胜利以后面临着都城建在哪儿的问题，一种方案是南京，另一种是武汉。后者得到很多人的支持，尤其是辛亥革命党人认为武汉既有首义之功，又有居中之利，是理想的首都。蒋介石却不想把都城建在武汉。为此，据说武汉革命党人想了一个办法，请蒋介石来汉考察，他就真的来了，据说当时汉口火车站打出了大幅标语"欢迎蒋总司令把都城迁来武汉"，蒋介石哭笑不得，因为他并未表态过，但面对这么一种万人空巷的欢迎场面他骑虎难下。据说他当时说了一句"九头鸟狡猾狡猾的"就走了，都城就这样迁到武汉。

第三类人即当今普通老百姓的观点，也是有褒有贬。一个就是一篇文章为代表。前些年正讨论少年班要不要继续办时，一家杂志发表了一篇题为《中国科技王国的九头鸟》的文章，写了中国科学技术大学九位湖北籍少年大学生不俗的表现，从文章标题就可以看出九头鸟就是指很聪明的湖北少年大学生，这显然是种褒义。另外老百姓也有很多认为九头鸟是一种贬义，我有一次坐公交车，一位男士不小心踩了一位女士的脚，那位女士不依不饶就骂那位男士，对骂的过程中女士伶牙俐齿，男士稍微吃了点亏，眼看就要到下车的地方了，我们想这下好了，噪音终于要消除了，没想到这个男士在下车之前还想报复一下。他把这个女士盯了半天，发现这个女士又高又瘦，黄脸上大概还长了一些美人斑，就说："你妈的，活像一碗热干面。"这个女士毫不示弱，她看这个男士光着个头挺着个"将军"肚，又黑又矮又胖，当下就回了一句："你像个糯米鸡。"我旁边坐着个山东人感慨地说："九头鸟真是厉害，不仅公的厉害，那母的还厉害些。"这就是不少外地人对"湖北佬"的看法，他认为"湖北佬"是聪明过人但刁钻古怪强悍。我之所以举这些例子，就是说很难用一句话来概括把湖北人比作九头鸟是褒义还是贬义。为了弄清这个问题，在前几年我做了一个调研，发了一万份问卷，主要有这么三个选项：即你认为九头鸟是褒义的打钩，你认为九头鸟是贬义的打钩，你认为九头鸟既褒又贬的打钩。那么最后的结果是这样的：认为"天上九头鸟地下湖北佬"这句话是褒义的，是赞扬湖北人的占32.6%；认为"天上九头鸟地下湖北佬"是贬义的是贬湖北人的占28.2%；那么剩下的将近40%的人都认为"天上九头鸟地下湖北佬"既褒又贬褒贬兼容。我个人也认为这句话是既褒又贬、褒贬兼容，但却是以褒为主。也就是说肯定性的评价、赞扬是主要的，否定性的评价、批评是次要的。

五、楚文化与湖北人性格特征的优长

现在讲楚文化与湖北人性格特性的优长。楚文化同其他文化是一样的，它有正面的成分有积极的因素，它也有负面的成分有消极的因素，可以说是精芜杂陈。那么这同九头鸟不就是一样吗？跟湖北人不也一样吗？湖北人肯定是有优点的而且优点十分突出，但不可讳言湖北人也是有缺点的，而缺点也很明显。谈楚文化与湖北人文化特性的优长，就是讲其强项或长处在哪些方面这个问题。

我把其优长归纳为四点。第一点是睿智机敏。为什么说楚人及其后裔睿智机敏呢？首先我们来看，如果说楚人不是睿智机敏的话，他不可能建设当时中国第一大国。楚国最早被周朝封的时候它的面积多大呢？方圆50里还不到，还没有我们现在山区一个村的面积大。但是到了春秋中期，楚国已是方圆千里。到了楚国版图最大的时候，就是战国的中晚期，已是地方5000里！《战国策》有这么一句话就说当时的楚国"地方五千里，带甲百万，车千乘，骑万匹，粟支十年"，意思就是说楚国当时的地盘已经是方圆5000里，它有100万军队，1000辆战车，1万匹战马，库存军粮吃10年没有问题，可以说是国富兵强。楚人如果不是睿智机敏也不可能创造一流的文化。那么楚文化作为第一流的文化的闪光点有哪些呢？我只能略要介绍一下，比如说政治制度方面，中国最早的作为一级行政机构的县，就是楚人的创意。公元前689年，楚武王开始设立了这样一级地方行政机构。县作为一级地方行政机构一直延续到现在。在经济制度上，楚人曾经进行过税费改革，它曾经一度为了减轻农民的负担，整合了很多杂税把它变成一种税收，史书上叫"芍掩庇赋"，芍掩就是治理赋税的一个高级官员。在军事上，楚国最早建立了一种机动部队，就是说打仗的时候哪个地方有空子可钻，哪个地方最需要人，那么这种部队就上。这种机动队在楚国叫"游阙"，实际上后来的游击队跟这个"游阙"比较相似。

在工程上我们现在说都江堰的确是了不起，其实在都江堰修建的350年之前，楚人修建了一个大型的水利工程叫"期思陂"，在现在河南的固始和安徽交界这一带。到现在，楚人当时修的大型水利工程仍然在灌溉良田，当然后代也经过不断的整修，已经不是当时所修的那个样了。我们说隋炀帝修的大运河是了不起的工程，但是楚人修的人工运河却比大运河早1100年，楚人的人工运河主要是在江汉平原，运河向西可以到达云梦泽和汉水，向东可以连通长江和淮河，工程之大可想而知。在湖南长沙一座春秋晚期楚墓里发现了钢剑，这种"块炼渗碳钢"，比西方要早1700年。在天文学上，长期以来人们说木星的第三颗卫星简称"木卫三"是伽利略用望远镜发现的。但是事实上早在伽利略之前1970多年，楚国的一个叫甘德的天文学家就用肉眼发现了木星的第三颗卫星是一种橙黄色的星，并做了记录。那么楚人在文化上还有很多创举，比如说我们现在见到的第一支毛笔、第一块墨、第一双筷子、第一把扇子、第一条裤子、第一双手套、第一张折叠床等等，都是在楚墓中发现的，总之，楚人创造了很多个第一。我们现在发现先秦最早使用黄金做货币的是楚国，先秦唯一用白银做货币的也是楚国。

以上讲的是楚文化在政治文明、制度文明、物质文明方面的例子，那么在精神文明方面就更多了，如老子和庄子所代表的哲学达到了时代的高峰，尽管他们不一定是楚国人，但老庄之学应属于楚文化的范畴。代表楚国文学的有屈原和宋玉，屈原的《楚辞》，宋玉开创的汉赋在中国文学史上都是里程碑式的。楚人的音乐舞蹈都达到了相当高的水平，"高山流水"的故事就发生在楚国。楚国的绘画艺术也是很高的，我们现在所能见到的最早的帛画出自楚国，一幅是长沙陈家大山楚墓出土的，一幅是长沙子弹库楚墓出土的。我们现在所能见到的最早的情节性绘画，有人也说是最早的动漫作品出自楚国。当然动漫是现代才有的概念，但是它那个以几个单元组合成一幅图案的技巧，很像动漫，它出土于湖北荆门包山楚墓的一个漆奁盒上，这个盒的腹部有一组图案被称作《郊游图》，有的也叫它《出行图》，上面绘的人物、车马、鸡犬还有杨柳树，画技非常高超。

楚人睿智机敏的确名不虚传。那么湖北人是不是睿智机敏呢？湖北人肯定是睿智机敏的。湖北人如果不睿智机敏，湖北就出不了那么多第一流的人才。说到湖北的人才我就想到了有一句话，当然有一点调侃式的，就是湖北出三种人，也有的说四种人。说四种人的就把神农架的"野人"算上了，只是这个野人到现在也没有人真正发现，当然也不能完全否定。因此，人们常说的湖北出的三种人就是伟人、名人和美人。

说到伟人大家都知道中共一大代表一共是 13 位，那么湖北人占了几位？5 位啊！哪 5 位呢？这就是红安的董必武、黄冈的陈潭秋和包惠僧、潜江的李汉俊、应城的刘仁静。尽管其中的某些人后来因为某些原因脱党了，但是在中国共产党创立时期，他们是有功劳的，我们还应该记取！新中国建立后，湖北出现了两位国家主席，董必武和李先念，他们都是一个县里面的人，是我们湖北的骄傲！

说到湖北名人，实在是太多了，如早期的政治家季梁、楚庄王、孙叔敖，文学家屈原和宋玉，汉代的王昭君、刘秀、黄香，魏晋六朝的习凿齿、宗懔、庾信等。唐宋的时候湖北的名人就更多了，比如皮日休、孟浩然，《茶经》的作者陆羽；宋代的著名书画家米芾及其儿子米友仁，后世合称"米氏云山"。明清以来的就越发多了，如张居正这个明朝的大宰相；医学家万全，著名的医药学家李时珍；著名的历史地理学家杨守敬、曹廷杰；著名的书法家张裕钊；著名的京剧表演艺术家余三胜；还有著名的地质学家李四光；民主斗士、爱国主义诗人闻一多；著名的文艺理论家胡风；著名的作家废名、张光年、聂绀弩、叶君健；著名的经济学家王亚南；著名的哲学家熊十力、殷海光、徐复观；著名的语言文字学家黄侃；著名的历史学家汤用彤等等。这是第二种人。

第三种人就是美人。当然所谓美人的标准是不一样的，但是经过历史的披拣，人们比较公认的古代女性有四大美人，哪四大美人呢？就是西施、昭君、貂蝉、杨贵妃。她们每一个人都有一个经典的动作，以我们现在话叫"秀"。如西施她最美的一个动作叫什么呢？就是洗衣服，所以叫"西施浣纱"；那么昭君是什么状态最美呢？就是在她骑上马要嫁到蒙古的时候，叫"昭君出塞"；貂蝉在夜深人静祭拜月亮的时候是最美的，所以叫"貂蝉拜月"；杨贵妃是喝了点酒之后大概脸蛋红扑扑的时候是最美的，因此叫"贵妃醉酒"。那么世上这四大美人里有一个就是湖北人，这就是王昭君。她是湖北兴山人，不仅是容貌美，用我们现在的话来说更重要的是心灵美。因为王昭君无论是跟西施比也好、跟貂蝉比也好，或是跟杨贵妃比也好，她的境界明显要高得多。她当时是为了国家的利益、为了民族的大义才嫁给匈奴的，她不是为了个人。楚人如果不是睿智机敏，就不可能建立第一流的国家，不可能创造第一流的文化；湖北人若不睿智机敏，也不可能出这么多第一流的人才。这是我要说的楚文化与湖北人的第一点优长。

楚文化与湖北人性格特征优长的第二点就是自信包容。先说自信，西周晚期的时候楚国有一个著名的军事首领叫熊渠，他就对周天子说过这样的硬话："我蛮夷也，不与中国之号谥。"意思是我就是个蛮夷，用现在话说我就是个土老帽，不吃你们中原那一套。当时别的国家的诸侯都不敢说这个话。轮到楚君熊通就更自信了，他要随侯向周天子转达他的意思，就说楚国已经这么强大了，还只是个子男之国，爵位太低了，跟它的实力不相称，理当加封。遭到周天子的拒绝。楚武王一气之下就说"王不加位，我自尊耳"！就是说你不封我，我自己封我自己，于是自称楚武王。而当时封为侯国的大国如齐国、晋国等都不敢称王，足见楚人的自信。湖北人自不自信？湖北人也自信，如张之洞的门生为其所修建的奥略楼上，就有这么一副楹联："昔贤整顿乾坤，缔造多从江汉起；今日交通文轨，登临不觉亚欧遥。"这是何等的自信！

再说包容。包容就是兼收并蓄。楚人的包容表现在哪些方面？就是对其他国家的长处尽量吸收。比如说楚国打败鲁国，鲁国想送给楚国一些金银珠宝，楚国不要，因为发现鲁国的丝织刺绣的水平很高，就要了鲁国 200 名这方面的技术人才。这些人才到了楚国，楚国的丝织刺绣水平一跃而起。楚国向中原学习青铜器铸造技术；向扬越学习矿冶技术；甚至在地中海流行的一种称作"蜻蜓眼"的玻璃珠，楚人也爱不释手，加以仿制。如有人说武汉的文化叫"码头文化"，我不太赞成。但是有一点，码头文化是一种包容的文化，这一点我倒同意。武汉有很多码头，却没有任何一个码头说只有我这一个码头包打天下，不许别人再建更多的码头，所以武汉的码头格外的多。我还举一个菜系的例子。八大菜系也好，十大菜系也好，都没有鄂菜。当然也有版本说鄂菜也是十大菜系之一，但是那是自封的，实质上严格地来说鄂菜没有进到十大菜系。但是鄂菜在全国各地都比较受欢迎。一个例证就是北京不仅"九头鸟"酒店很火，后来的"九头鹰"、"九头凤"也火得不得了。鄂菜就是一种典型的包容菜系，你看它有剁椒鱼头，这是辣的湘菜；有麻辣火锅，这是重庆菜；有糖醋里脊，是江浙菜；有什么烧猪手之类的那都是广东的粤菜；大白菜烧丸子那是东北的菜；它也有醋熘藕片，那是山西的菜。所以说湖北菜之所以受欢迎，是因为东南西北的人都可以在湖北的菜里面找到自己喜欢吃或者能吃的，起码能将就着。可以说湖北菜体现了湖北人的包容性格。

楚文化与湖北人性格特征优长的第三点就是刚毅果断。这在楚人和湖北人的身上表现得尤其突出。比喻说春秋时期的楚文王已经把江汉地区都控制了，下一步的目标就是想挺进中原了，却遇到了邓国这个拦路虎。邓国是楚文王的舅舅所建立的一个国家，楚文王要想到中原地区必须经过这个地方。那么怎么办呢？经过一番思索之后，楚文王毅然决然灭掉邓国，顾不了这么多了，所以在北进中原的时候非常顺利，因为他把中原地区的桥头堡搬掉了。楚人的刚毅果断也表现在推翻秦朝上，在楚国被秦国灭了以后，有一个叫南公的楚人说了这么一句话："楚虽三户，亡秦必楚！"意思就是说尽管楚国只剩下屈、景、昭三个大家族了，但是灭亡秦国的一定是楚人。果然秦人统治只有十几年，楚裔陈胜、吴广就揭竿而起，楚人刘邦、项羽奋而起兵，最后还是由楚人的后裔刘邦建立了汉朝。湖北人的刚毅果断突出体现在辛亥首义上，这也是楚人的后裔所做的惊天动地的一件事。实质上在辛亥首义的前一年，湖北的留日学生所办的一份叫《汉声》的报纸上发表了一篇署名文章，文中有这么两句振聋发聩的话：推翻中国第一个封建王朝的是楚人，推翻中国最后一个封建王朝的也必将是楚人。这个话说了刚好一年，辛亥革命爆发，楚人后裔湖北人发起了推翻清王朝腐朽统治的起义斗争，应验了这句话是有远见的，说明作者看到了楚人后裔所具有的刚毅果断的性情。今天的湖北人依然是这样，如湖北人说话就是见不得"滴多"（慢慢吞吞），最崇尚的是"唰拉"（迅疾），最瞧不起男子汉婆婆妈妈、优柔寡断，称之为"姨娘"，即"伪娘"。

楚文化与湖北人性格特征优长的第四点就是英勇顽强。楚人的英勇顽强举两个例子：第一个例子是公元前506年，吴国军队攻入楚国郢都，守城士兵和市民自发组成"敢死队"，同吴兵展开巷战，最后终于同秦国援军一道击退了吴军。当时有个叫屠羊说的小商人，拼死护卫着楚昭王，事后楚昭王要给他高官厚禄，他坚辞不受，还是去干他的老本行宰羊生意了。第二个例子就是公元前278年，秦人白起拔郢，在这场空前惨烈的屠城之役中，楚人有逃亡和战死的，却没有一个投敌献媚的，受伤被俘的两名士兵因不肯泄露楚国钟鼎的埋藏地点，分别选择了自焚和咬断舌根。

楚人是这样的，楚人的后裔湖北人毫不逊色。1955年至1965年授军衔，十大元帅中有1位湖北人，十位大将中有2位湖北人，上将、中将和少将湖北人占的比重也很大。我再举几个例子：一个是恽代英，尽管祖籍是江苏武进人，但是他出生、求学、生活在湖北，实际上可以说是一个湖北人。恽代英早期从事革命活动的时候写下了一首非常著名的诗："浪迹江湖忆旧游，故人生死各千秋。已摈忧患寻常事，留得豪情作楚囚。"他的意思就是说哪怕我做别国的俘虏我也要保持独立的人格和精神，我要为自由去死。还有一个人物叫夏明翰，原来说不是湖北人，现在经过考证是湖北秭归人。夏明翰有一首诗，也是非常有名的，这就是："砍头不要紧，只要主义真。杀了夏明翰，还有后来人！"闻一多先生是湖北浠水人，在李公朴先生的追悼会上，面对国民党的手枪，他义正辞严地说："我们不怕死，我们有牺牲的精神！我们随时像李先生一样，前脚跨出大门，后脚就不准备再跨进大门！"就在当天，国民党的特务就把他杀害了。《洪湖赤卫队》中的韩英有一句名言："砍头只当风吹帽！"虽说是舞台艺术，仍然反映了湖北人的那种英勇顽强的精神。

六、楚文化与湖北人性格特征的缺陷

就像九头鸟既褒又贬一样，楚文化既有其先进性的一面，又有落后的一面；有积极的一面，又有消极的一面。湖北人的性格也一样，有优长之处，也有缺陷。上面讲了优长之处，现在讲缺陷。我觉得楚人和湖北人性格特征最突出的缺陷有三：第一个就是重情感而轻理智。这一点楚人表现得非常明显。有一次楚庄王派到齐国去的一个使者在路过宋国的时候，因要强行通过，被宋国杀掉了。楚庄王听说这个消息的时候，正在洗脚，他鞋也顾不得穿了，剑也顾不得佩了，直接跳上战车，就去攻打宋国。连楚庄王这样一个有雄才大略的人都这么冒失，情感来了就没有任何理智，何况普通楚人？

湖北人重情感轻理智的特征也很突出。如我们说是江夏熊秉坤打响了辛亥革命第一枪，但事实上严格地来讲第一枪和第二枪都是新军在同清军冲突时擅自开火的，是熊秉坤当机立断，补了一枪。因为起义约定三枪为号，他补了关键性的一枪，就等于说第一枪是他打响的，为什么？因为他不补一枪的话，起义的部队不知道是怎么回事，敌人听到枪响会防备，起义的损失就大了。从第一、二两声枪响，就可看出湖北人做事情绪化的一面。

我曾看到一家报纸写了这样一件事，说几个人"斗地主"，为了两毛钱发生争执，结果打得头破血流，题目就叫《斗地主斗出血案》。不几天，这家报纸又登出这么个消息，题目叫《斗地主斗出大血案》，说的是几个人斗地主，为了几毛钱，动了弹簧刀，把动脉捅破了，流了一摊血。过了几天，这个报纸又登出消息《斗地主斗出惊天大血案》，说的是某地方一个村子有张、李两大姓，因为"斗地主"起了纠纷，于是两大姓的人各自回去把家里所有的菜刀、斧头、扳手等凡是能够使用的武器都拿出来了，如果不是及时报警的话，真的会成为一起惊天大血案。以上三个新闻报道，如果放到其他的城市我觉得好像发生的可能性不大，但这类事一而再再而三地发生于湖北省会城市，不能不说是一个性格问题。再举一个例子即倒牛奶事件，大家都知道武汉的牛奶市场竞争非常激烈可以说是白热化，前几年有一家牛奶公司感到压力沉重，希望政府干预，但现在是市场经济政府也不便干预，那么怎么办呢？这个公司不是积极寻求其他办法，而是任情感发泄，把6万公斤鲜牛奶全部倒在稻田里面。我看了这个报道觉得很痛心，我想这些鲜牛奶并没有变质，就是半价卖给那些女士们洗脸也可以啊，总比倒掉要强吧！还举一个例子，前几年有报道说武汉有人购买了一辆奔驰车，车质量有问题，他觉得诉之法律的话太麻烦，私了的话很难扯清楚，于是一气之下就把奔驰车砸了。你说你有必要砸吗？你砸了能解决什么问题呢？看来只能归结为湖北人易冲动好走极端。

楚文化与湖北人性格特征缺陷的第二点是重开拓而轻守恒。我前面说过楚人很聪明，湖北人也很聪明，也有开拓精神，但就是很难做到持之以恒。楚人也这样，刚才说到楚人创造了第一流的文化，创建第一流的大国，但是在公元前223年还是被秦国灭掉了。那么楚人被秦国所灭固然有很多原因，但是其中有一条楚人重开拓而轻守恒是非常重要的一个原因。当楚国到达强盛的巅峰时，楚人的进取心日渐消退，以致国势江河日下。那么我们现在看湖北人，20世纪80年代初武汉有四大家电名闻全国，那个时候海尔也好、长虹也好，都不为人知。唯武汉四大家电独领风骚，哪四大家电？莺歌牌彩电，南波希岛冰箱，荷花牌洗衣机，长江牌音响。但是不到十年，当其他默默无闻的一些外地企业逐渐壮大的时候，武汉的四大家电竟无一幸存。所以老百姓说得也很苛刻："长江干了，莺歌哑了，希岛崩了，荷花谢了。"就是这些名牌都不见了，问题在哪？问题就在于重开拓轻守恒，比如说当这些产品要注入资金加强技术改造的时候，没有及时注入资金，没有下大力气进行技术改造，以致坐失良机。

第二个例子就是汉正街小商品市场。汉正街小商品市场在20世纪80年代在全国是非常有名的，那时它的知名度甚至传播到了海外，影响远远超过了浙江的义乌市场。但就在正红火的时候，已经有专家就发现它假货充斥，很难持久。对此，我有切身感受。我的女儿三岁时，友人说女孩嘛要让她有点特长，让她学一门乐器啊，学一下唱歌啦。我说唱歌要肺活量大，我的肺活量不大，估计她肺活量也大不到那里去。他说肺活量是可以锻炼的。我说怎么锻炼呢？他说你让她吹气球。我当时研究生毕业，每月的工资不到 100 块钱，而一个气球是五毛钱，要吹呢就没得吃的，要吃呢就没得吹的。他说你别到商店买五毛钱一个的，你到汉正街去批发，五分钱一个，五块钱买 100 个够吹的。我真的去买了 100 个，结果有一半怎么吹它就是鼓不起来，如同铁气球，小孩的腮帮都吹肿了。另一半是一吹就破，如同纸气球。这是我亲身经历的一件事。正是重开拓而轻守恒，所以汉正街在 20 世纪 90 年代初就开始走下坡路了。当然现在武汉市委市政府决心非常大，要重振汉正街雄风，我们期待着重振的这一天，我们也相信能够重振，但是它的确走了一条弯路。

第三个例子就是 1984 年武汉市政府聘请德国人格里希担任武汉柴油机厂厂长，这在当时可以说是开全国先河。武汉柴油机厂在格里希来之前亏得一塌糊涂，格里希来了之后，发现是产品粗制滥造导致效益下滑，于是他狠抓质量，一年以后便扭亏为盈。但是厂子里的那些职工觉得像格里希这样抓质量太累，坚持不下去。他们就想个办法对付格里希，这就是当格里希进厂房的时候，"信息员"就马上"报警"说"鬼子进村啦"！本来他们男的在斗地主，女的在织毛衣，一听到"鬼子进村了"这个暗语之后，把毛衣放到抽屉里，把扑克牌藏起来。格里希看见大家兢兢业业好像做事，很高兴地出去了。等格里希跨出厂门的时候，那个"信息员"就报告说"鬼子出村了"！工人们马上该斗地主的斗地主，该织毛衣的织毛衣。一年之后，产品质量重新直线下滑。格里希是百思不得其解，心想我那么狠狠地抓质量，去检查的时候也发现他们工作非常认真，究竟是怎么回事呢？最后格里希采用暗访的方式，趁他们那个守门的"信息员"不注意的时候溜进去，才发现那一幕真实的场景，格里希心都凉了，干完了那一届就遗憾地走了。2003 年 4 月，格里希在德国去世，享年 86 岁。之后，武汉人才开始反省这件事，他们给格里希铸了一座铜像，这个铜像在落成的时候，当地的媒体发布了一篇《愧对格里希》的文章。在交了学费后总算是认识到这个问题，就是重开拓而轻守恒。

楚文化与湖北人性格特征缺陷的第三点就是重竞争而轻协作。楚人拒绝"联齐抗秦"就是一个巨大的错误。敢于竞争但是协作精神不强，这在湖北人身上表现得也比较突出。首先我举一个例子就是汉派服装的盛衰。在前些年汉派服饰最走红的时候，我带人做了一个调研，我们发现汉派服装如果不正视自己所存在的一些问题，那么总有一天会下滑。什么问题呢？因为汉派服装和江浙服装是当时影响力最大的两支劲旅，不同的是汉派服装的策略是先占领海外市场，江浙服装的战略方针是先抢滩国内市场。但是我们发现了一个问题，就是汉派服装原创性的东西并不多，很多东西都是克隆江浙服装的，只不过作了一些局部的改进而已。这样的话我们就担忧：有朝一日江浙服装把国内的市场抢占完毕，同样进军海外市场的时候，人们很快就发现汉派服装不过是克隆江浙服装的"盗版"，与其买盗版不如买正版。发现了这个问题之后我们就写了一篇文章，为引起人们的注意，用了《汉派服装当心英年早逝》这么一个尖锐、刺耳的题目，当时一些大报纸觉得登不太好，被一家小报登了，因而没有引起足够的重视。也可能被我们不幸言中，这篇调研文章发出去三年，汉派服装一落千丈。原因就是我们开始所说的。好在武汉市已意识到这个问题，下决心重振汉派服装。这是一个重竞争而轻协作的例子，实际上我们完全可以跟江浙服装企业合作，共同开发产品，错位经营，协调发展。

再举一个武汉餐饮业的例子。武汉每到黄金周都要盘点餐饮业赚了多少钱，结果当然是令人振奋。但是前两年我带领一个小组经过调研之后，发现武汉的餐饮业存在着重竞争轻协作的问题。这表现在几个方面：第一个就是说只讲比拼不讲错位，只讲竞争不讲协作。比如说一个餐饮企业在某一个街道开了一个分店有 300 个座位，另一家餐饮企业就在其旁边、对面或者是斜对面开一家500个座位的分店，就像打擂台，根本不考虑当地的客流量，结果往往是两败俱伤。

第二方面就是说不培养自己的技术人才。比如说你是一个厨师，我问你现在所在的企业一个月给你多少薪水啊，你说就两三千吧，我就说到我这里来给你五千，立马你就卷铺盖到我的企业来。但是一夜之间他怎么可能改良、提高技术呢？结果是到B酒店做的仍然是A酒店的菜，久而久之，整个武汉市的餐饮不是一个味道？既然是一个味道别人到哪吃都一样，吃长了都吃腻了，还不如在自己家里吃呢，顶多只能赚那些外地流动人口的钱。

第三个方面就是食品安全卫生和社会保障问题。为此，我们又写了一个报告，题目叫做《武汉餐饮小心红颜薄命》。这次不光是小报登了，有一家内参也登了，引起了武汉市领导的高度重视，采取了一系列的措施，所以武汉餐饮业现在处在一种徘徊式上升状态，稳中有升，但是升得幅度不大。武汉城区人口比成都多近两百万人，但是它的餐饮的营业额排在成都后面，当然成都的小吃是全国有名的，但是为什么武汉不能把小吃做大做强呢？为什么不使它更有特色呢？还举一个武汉某些大商场促销的例子。为了促销，有的商家居然打出88小时营业不休息的旗号。事实上，并不因为你连续营业不关门，顾客就不断地去你的商场消费，而冷落别的商场。这完全是商家的一种恶意竞争的策略，是一种典型的只讲竞争不讲协作的经营理念。

我今天讲这个题目，是希望湖北人作为楚人的后裔，继承楚文化的优秀传统，弘扬楚民族的精神，涵养和培育湖北人性格上的一些优长；我们要克服和摒弃湖北人性格中的一些缺陷。这样才有利于我们湖北进行中国特色社会主义的经济、政治、文化、社会和党的建设；有利于打造小康湖北、创新湖北、法制湖北、文明湖北、和谐湖北；有利于把湖北建成促进中部地区崛起的重要战略支点。

演讲时间：2010 年 7 月 10 日

蔡厚淳

千年学府，千载学规

——白鹿洞书院揭示

主讲人简介：

蔡厚淳，全国大学语文研究会会员，九江作家协会常务理事，上海交通大学海外学院、广东省砚峰书院、江西财经职业学院及白鹿洞书院教授。出版过专著《穿越时空》（中国社会科学出版社）等，并在全国各级刊物及网站发表文章四百余篇，其中发表在国家核心期刊、省级以上报刊以及获奖的有三十余篇。近年来应邀赴全国各地讲学，担任九江市图书馆"寻庐讲坛"学术委员会主任、上海电视台"东方大讲坛"讲座嘉宾、湖北省"名家讲坛"讲座嘉宾等。

我是江西九江人。我们国家在宋代有著名的四大书院，那就是白鹿洞书院、岳麓书院、石鼓书院、应天书院。号称天下书院之首的白鹿洞书院就在江西省九江市。白鹿洞书院有个著名的《白鹿洞书院揭示》，一般人们称它为《白鹿洞书院学规》。也有人干脆称它为《朱子学规》，因为是朱熹制定的。

清代的大学者王昶在《天下书院总志》中对天下的书院依次做了个排名，评白鹿洞书院为天下书院之首。凭什么给这个评价？有很多人从各个角度去分析。我觉得王昶之所以对白鹿洞书院给出这样的评价，最关键的原因不仅在于白鹿洞书院办学历史很长，这是一个方面，是一个次要的方面。最重要的方面是因为在这里诞生了中国教育史上第一部最完整、最正规的大学校规。

一、白鹿洞书院名字的由来

众所周知，宋代的四大书院中其他的三大书院都是以地名来命名的。白鹿洞在古代处于江州，具体地讲是属南康府管，也就是现在的星子县。宋代它的级别比较高，叫南康军。朱熹是南康军的知军，在那里一共待了三年。要是按地名应该叫江州书院或者南康书院，怎么叫白鹿洞书院呢？首先我介绍一下这个名字的由来。

唐代有一个名人叫李渤，这个名字有的朋友恐怕还不太熟悉，但是我如果举到一篇文章说到这个人，大家就十分熟悉了。中学教材几十年如一日都选这篇文章，这就是苏轼的《石钟山记》。大家读了《石钟山记》，一定记得它的结尾有两句话"盖叹郦元之简，而笑李渤之陋也"。

苏东坡所讥笑的那个政府官员就是李渤。李渤实际上是一个很不错的人。他少年的时候和他的哥哥李涉两个人找一个很清静的地方去读书。他找到后，觉得这个地方特好，非常适合读书。不过封闭读书，毕竟十分孤独。为了排遣寂寞，他就养了一头白鹿自娱，用我们现代话来讲就叫"宠物"。据历史文献记载，说这头白鹿十分有灵性，灵到什么程度呢？就是李渤如果要买一点什么东西，他自己不愿意去，就用一个小布袋子，把一些零碎的钱放在里面，然后写个条子要买点什么东西，放在里面挂在那个鹿角上，那头鹿就会跑到路旁边那个小杂货店去。店主人一看鹿来了，就把那个小布袋子解开一看，就把李渤要的东西装在那个小布袋子里，又把它往鹿角上绑好，鹿又跑回来。这应该是个传闻。鹿有灵性，恐怕还灵不到这个份上。正因为如此，这一头白鹿和李渤在当地就很有名了。人们就给他取了一个雅号，称李渤为"白鹿先生"。慢慢地时间长了，人们就把这个地方叫做"白鹿洞"。有人奇怪，这个地方没有洞啊，怎么叫洞呢？它四面是山，只有一条小路一直下去，步行大概要走 35 分钟到 40 分钟。现代如果用飞机航拍，俯瞰它就有点像一个朝天的洞，所以"洞"的概念是这样来的。

现在的白鹿洞书院，有鹿，也有洞。原因何在？这里就牵涉到几个人了。也就是有好事者，就像柳宗元写的那篇杂文《黔之驴》中的"好事者"。

这些好事者是谁呢？第一个就是明朝的一个叫王溱的知府，这个人他到这个地方来一看，哎呀，这个地方叫白鹿洞，没洞怎么行呢？所以他就召集手下人，当然也请了一些力工，我们现在叫民工了。他很正规地像模像样地举行了一个祭奠山神的仪式，祭山开洞。明伦堂后面有一座小山，他就在那个小山的下面挖一个洞。他觉得这个白鹿洞起码要有一个洞，他就把这个洞给挖好了。

五年以后他的继任者来了，这个人叫何岩，也是个知府。他来此一看，这个地方叫白鹿洞，有洞没鹿，那怎么行呢？估计那个时候要搞个活的白鹿恐怕也搞不到，怎么办？他想了一下，就命令他手下的人，找了一个在当时工艺水平很高的石匠，用白色的石头琢了一个石鹿。不过我告诉各位，这个石匠恐怕真是个艺术家，不是一般的石匠。这头石鹿的设计水平极高。他们把这个石鹿琢好以后，也举行了一个仪式，就是把这个石鹿供奉到这个洞里面。这样，"白鹿"和"洞"全有了。

日子一天天过去，过了60年又来了一个人。这个人叫葛寅亮，他不但是一个学者，一个思想家，而且是一个很廉洁的官吏，口碑很好。他的官比王溱、何岩大，相当于我们现在讲的省委常委一级的。他来了，人家就向他汇报，这个白鹿洞是怎么来的。这个洞是王溱挖的，这个鹿是何岩叫人琢的。谁知道葛寅亮一听很不高兴，认为这完全是画蛇添足，纯属胡闹，完全没有必要。于是他一声令下，把这些乱七八糟的东西处理掉。把洞一封，把鹿一埋，埋掉了。这一埋，埋了300年。

一直到1981年，党的十一届三中全会后，政府拨钱重修白鹿洞书院。在修礼圣殿施工挖土方的过程中，把这个白鹿给挖出来了。这一挖出来情况就不同了，这可是明朝的文物了，一算300年啊，是镇洞之宝了。所以把它洗刷干净，重新又放到洞里去了。现在那个鹿洗得很干净，一尘不染。这就是白鹿洞得名的整个过程。

二、白鹿洞书院的历史

下面简单地概述一下白鹿洞书院的历史，可以分为七个阶段。

第一个阶段：唐代开始奠基。

谁奠基的呢？还是李渤。李渤后来做了江州刺史，大致相当于现在的地级市的市委书记。他回忆少年时候的情景，重游白鹿洞，一看这个地方觉得还是很好，所以就拨钱，叫人把这里房子该修的修，要建的再建，路修好，树木花草整理好。经过他这样一搞，这个地方的硬件设施就更好了。但是在李渤这个时候还没有办学，都是有钱的人在这里休闲休闲，读读书，喝喝茶。

第二个阶段：五代开始办学。

有一点我说明一下，提到这个书院的时候，很多朋友都会说，它大致相当于现在的高等教育自学考试的助学班。我们现在不有这么一种形式吗？叫高教自考助学。那个时候国家开考，民间办学。所以很多人都说白鹿洞书院，包括其他书院都属于这一类的，是民办的。但是我在这里想告诉各位，白鹿洞书院起步的时候其实是国办的。谁呢？李昪王朝。南唐三主即李昪、李璟、李煜，第一个就是李昪。李昪王朝在这里办学，决定了一开始它的地位就很高。在李昪王朝有两个高等学府，一个就是位于现在南京的国子监，一个就是位于庐山脚下白鹿洞书院。

在南唐办学的时候，它不叫白鹿洞书院，叫庐山书堂、匡山国子监、庐山国学等等。

第三个阶段：北宋正式定名。

北宋初年，赵宋王朝占领江州以后，这个庐山国学就自然终结了。因为李家王朝已经垮掉了。江州的地方人士就开始在这里建立书院。这个时候才给它命名为白鹿洞书院。这个书院办到北宋末年的时候，由于战乱就完全毁掉了。

第四个阶段：南宋壮大发展。

1179 年，朱熹任南康军的知军，白鹿洞书院迎来了它的鼎盛时期。朱熹首先是到这里去实地勘探。看完了以后，他觉得这个地方太好了，非常适合静下心来读书。他想修复，但是一看基本全毁掉了，残垣断壁。于是他给皇帝上书，这些文字现在都保留着。大致的内容是这样的：现在国家处在这样比较好的时期，江南一带在战乱中被毁的道观和寺庙有几百处都纷纷修复，而儒家的这么好的一个读书的地方，却至今荒废着。这是很不好的现象，所以恳请皇上同意，修复这个书院。

还算不错，他的恳请得到批准。朱熹在得到皇帝的同意以后，就大张旗鼓地开始修复白鹿洞书院了。现在白鹿洞书院的总体结构尽管千年以来一直在不断地毁掉、重修，毁掉、重修，但是基本格局到现在依然还是沿用当初的。这个格局设计得很漂亮，它由五组各自独立又相互贯通的院落组成。而且这五组院落一字排开，跟它平行的就是一条流了千年不干涸的溪水叫贯道溪，很美。

朱熹在任的三年中，他兼任洞主，亲订洞规，置田建屋，充实图书，亲临讲课。朱熹当时就想，怎样使这个书院长治久安。他想，我很重视，我走了呢？如果我的继任者他不重视怎么办呢？那就又垮掉了。所谓不重视，不是他要把这个书院怎么样，而是他从财力上不支持就完了。他想了好久，就把白鹿洞书院周边的几千亩田地和数千亩山林全部征下来了，取了个名叫学田。平时租给附近的农民种，用我们现在话叫订好合同，每亩田到了秋收的时候给书院交多少粮食，这叫学租。几千亩田，学租一交来，这些粮食可供这里的学子食用，多余的还可以拿到集市上去换成钱，来维修这个书院的房屋，以及平时的一些开支。这件事儿做得太好了。这些学田和周边的这几千亩山林，至今依然保留着，这是很了不起的。

现在白鹿洞书院政府配的工作人员里面，有一些专门名额叫"护林员"，还专门给它建了瞭望台。为什么？怕发山火。白鹿洞书院周边的树都不得了，有许多都挂了牌子，都有记载，每棵树都有名字，都有编号的。损害了一棵都要受到追究的，因为这些树的树龄都在千年以上。

不仅如此，朱熹还广邀著名学者来讲学，开创了书院讲会制度之先河，其中最著名的是留下了他和陆九渊的南康之会的佳话。

在南康之会前五年，在江西的鹅湖书院，由吕祖谦牵头，邀请陆九龄、陆九渊兄弟二人和朱熹举行了一次学术辩论。朱熹和陆氏兄弟是宋代两大学派的代表。这一次鹅湖之会很不愉快，双方都对对方进行了一番贬低，三天辩论下来，不欢而散。

五年之后，陆九龄去世了，陆九渊到白鹿洞书院来找朱熹，请他帮他哥哥写一个墓志铭。朱熹还真不错，马上答应，没问题，我帮你写。不仅如此，反过来朱熹还做了一件很大度的事儿，他说我想请你给白鹿洞书院正在读书的这些学子们做一次学术演讲。陆九渊也不错，好，讲什么你出个题。结果根据孔子的两句话"君子喻于义，小人喻于利"做了一次精彩的演讲，题目是《义利之辩》。

陆九渊是我们中国古代演讲方面的高手，特别会演讲，他演讲的那一天，不但所有的学子一个不缺，朱熹亲自坐在前面，其他的政府官员也都来了。最有意思的是附近的农民都来了，实在坐不下了，就站在外面靠着窗子、靠着门听。陆九渊就顺着自己的思绪讲下去，讲到什么程度？史书上记载，包括农民在内，纷纷掉眼泪，讲得太动人了。

讲完之后，朱熹第一个上去发表自己的感慨。朱熹说："熹当与诸生共守，以无忘陆先生之训。"意思是：他说的太好了，我要和我的学生们一起牢牢地记住陆先生的教训。并且再三表示："熹在此不曾说到这里，负愧何言。"他说：我朱熹在这里也多次讲学，但是我从来没有讲到陆先生这么深刻，没有他讲得这么好。我对不起大家，今天总算是听到了好的学术演讲。从这里也可以看出，这些大学者的良好心态和宽广胸怀。

在这之后，明代的大思想家王守仁（号阳明）也应邀到白鹿洞书院讲学。王阳明，这可是很有名的大家啊，日本有一个将军一辈子谁都不服，可是他的腰里就挂着一个牌子，牌子上就刻了一句话：一生只拜王阳明。毛泽东跟蒋介石这两个对头，许多方面都是对立的，可是在对王阳明的问题上却很一致，都高度评价王阳明。蒋介石到台湾以后，甚至把他居住的那个地方的一座小山名字改掉，改叫阳明山。王阳明应当时白鹿洞书院山长的邀请来到白鹿洞书院，就在白鹿洞书院发信出去，把分散在全国各地他的弟子召过来，都在白鹿洞书院听他讲学。这个举动一传出去，更加使白鹿洞书院声名远播。

第五个阶段：元、明、清办学不断。

第六个阶段：清末取消书院。

清末取消了科举，书院也跟着取消了，因为书院是为科举服务的。当时出现了一股崇洋的思潮，中国人也在思考，我们中国人怎么老是失败呀？要向西方学。所以书院一取消，就开始办学堂。白鹿洞书院就变成了江西省林业高等学堂。现在到书院去，那里孤单单地耸立着一幢别样的房子。白鹿洞书院所有的房屋都是中国传统建筑的模式，唯独有一幢房子是欧式的。这就是办林业高等学堂的时候，从外国找来的图纸，在那里建了一幢林业高等学堂的办公楼。这幢别样的房子建在这里确实很不协调，但是现在也不能动了，为什么？算一算100多年了，也是文物了。

第七个阶段：盛世再度兴旺。

新中国成立以后，白鹿洞书院和新中国的所有的人和物一样经历了风风雨雨。特别是"文革"浩劫，白鹿洞书院基本上被洗劫一空，成为一片废墟。一直到十一届三中全会开过以后，白鹿洞书院才逐步开始好转。

小结一下，从李渤兄弟隐居读书开始，1200年过去了。白鹿洞书院经历了它的辉煌与衰落。今天，作为大学的功能，它已风光不再。但是，历史清晰地告诉我们：这里，曾经是帝王关注、鸿儒云集、名家辈出、智能汇聚之地；这里，曾经是古圣先贤们投入哲学思考和进行雄辩讲述的场所；这里，曾经是无数学子心中的圣地，所有这些，都值得我们研究，值得我们记忆，值得我们珍藏。庐山1996年被联合国教科文组织批准为世界历史文化遗产，其中得满分的一项就是白鹿洞书院。联合国的主要官员打分的那天，就住在了白鹿洞书院的春风楼，他们对这里是赞不绝口。

三、《白鹿洞书院揭示》

朱熹在白鹿洞书院最重要的贡献就是他提出了中国教育史上第一个集教育目的、教育形式、教育法则于一身的大学校规——《白鹿洞书院揭示》。

《白鹿洞书院揭示》又称为《白鹿洞书院学规》。白鹿洞书院历史上所进行的一系列教育教学活动都是《揭示》的具体实践和实际运用。可以说，没有《揭示》，白鹿洞书院就失去了走出平庸的依托；有了《揭示》，才有了白鹿洞书院的辉煌。

这个《揭示》总共444个字，分为两大部分。

前面五条叫做"教条部分"，是朱熹从历代的经典中精选了五段话放在前面作为教条。他自己一个字都不加，这是前半部分。后半部分是他对这个《揭示》的理解、看法和阐释。

教条的第一条就是五教之目，"父子有亲，君臣有义，夫妇有别，长幼有序，朋友有信"。

五教之目出自《孟子·滕文公上》，是从《孟子》里面摘录出来的。原话是："人之有道也，饱食、暖衣、逸居而无教，则近于禽兽。圣人有忧之，使契为司徒，教以人伦，父子有亲，君臣有义，夫妇有别，长幼有序，朋友有信。"

这是进行五个方面的伦理关系的教育。

意思是：做人有做人的道理，如果只是吃得饱，穿得暖，安居逸乐，却不接受教育，不知礼义，那就和禽兽差不多，圣人又为此担忧。担忧什么呢？前忧洪水，现忧教化。于是就派遣契担任司徒（管教育的官员），教导百姓做人的道理。使他们懂得父子要有亲情，君臣要有礼义，夫妇要有分别，长幼要有次序，朋友要诚信。

五教之目，一展开实际上是十个方面。

"父—子"是两个方面，"父子有亲"，这个父包括父母，这个子包括子女，这是两个方面了。在孟子看来，父母对子女要慈爱，子女对父母要孝顺。实际上就是社会上每个人在自己所担任的角色中，要守好本分。就是你在对上，有父母的时候，你对父母应该怎么样；对下，你有子女的时候，你作为父母你应该怎么样。

"君—臣"也是两个方面，"君臣有义"是说君王对臣子要仁义，反过来臣子对君王要忠诚。

"夫—妇"是第五、六方面，"夫妇有别"是什么意思呀？这里的"别"不是男女之别，是内外之别。就是说丈夫要承担起家庭生存和发展的重担，要很好地"主外"。妻子要勤俭持家，相夫教子，要很好地"主内"。有人对此不以为然，这就是历史使之然也。我们不能用现代社会来衡量，现代社会情况不同，大家都使用电脑，不要什么体力，女同胞恐怕还厉害一点。古代就不同，古代有些活是一定要很强的体力去对付的。特别是像中国这样一个农业国，那些农田的活，那是要男士去承担的。而女子则应该很好地管好家，"主内"。在当时那样的社会中，这个"主外"和"主内"是有道理的，不能够抹杀历史和时代的痕迹来说话。

"长—幼"是第七、八方面，"长幼有序"是指长辈要自律自重，堪称晚辈的榜样，晚辈要谦恭好学，听从长辈的教诲，从概率上来讲应该是这样。

"朋友"也是两个方面，为什么？朋友是双方的，朋友之间要互相讲究诚信。

五教之目是进行人伦方面的教育。这一点恐怕也符合我们现代的教育。上次有一个大学的校长，在开学典礼上，就告诫现在的大学生，我希望你们首先学好做人，然后才是做学问。如果你读书读得很好，你做人一塌糊涂，也不行。朱熹把这个放在最前面，他认为任何一个求学的年轻人，首先应该有很好的人伦素质。

教条的第二条叫为学之序，"博学之，审问之，慎思之，明辨之，笃行之"。

为学之序出自《中庸章句》第二十章，这是孔子的，原文是："博学之，审问之，慎思之，明辨之，笃行之。有弗学，学之弗能，弗措也；有弗问，问之弗知，弗措也；有弗思，思之弗得，弗措也；有弗辨，辨之弗明，弗措也；有弗行，行之弗笃，弗措也。"翻译成现代汉语的意思就是：一个人要广博地学习，详细地请教，勤勉地思考，明确地辨别，忠实地行事。

朱熹在这里强调的是为学的几个阶段。

首先要广博地吸收，博学。特别是我们今天，广博地学习更重要。年轻的朋友首先要很好地建立自己的知识架构、知识网络。不然的话，在现代社会，想做点成绩不容易。同时"博"还意味着博大和宽容。培养求学者宽阔的胸怀，真正做到"海纳百川、有容乃大"。这是求学的第一个阶段。

审问是第二个阶段，求学者在博学的过程中，有所不明就要追问到底。要对所学加以怀疑。

接下来就要进入第三个阶段，慎思，那就是问过以后，还要通过自己的思想活动来仔细考察分析。

明辨是第四个阶段，学问是越辨越明的。不辨则所谓博学就会鱼龙混杂，良莠不分。

笃行是为学的最后一个阶段，这就是要知行合一。就是说你所学的好的东西，要能够很好地运用到实践中去。否则，你所学的这些东西，有什么用？这是朱熹的观点。

这几个阶段对我们今天也依然有很好的借鉴意义。

教条的第三条是修身之要，这部分有两句话，第一句，"言忠信，行笃敬"；第二句，"惩忿窒欲，迁善改过"。这两句是从不同的经典中摘引出来的。

前面六个字是出自《论语·卫灵公第十五》。原文是：子张问行。子曰："言忠信，行笃敬，虽蛮貊之邦，行矣。言不忠信，行不笃敬，虽州里，行乎哉？"子张是孔子的弟子，他问孔子，一个人在社会上怎么样才能够使自己的行为畅达？孔子就告诉他说：言忠信。就是说一个人，你说话，你的言论一定要忠诚讲信用。行笃敬。你的行为要忠实、诚恳，不虚。你如果能做到这个样子，即使是处在那些不开化的地方，你也能够畅行无阻。反之，你即使是在自己的家乡，恐怕也寸步难行。

"惩忿窒欲，迁善改过"在《易经》里面已经有类似论述。原文是出自周敦颐的《通书》，各位都知道，周敦颐是二程的老师。朱熹是二程的弟子的弟子，就是相当于我们讲徒子徒孙。所以朱熹对于周敦颐是非常崇敬的。你们现在到白鹿洞书院去，就可以看到，白鹿洞书院还立有周敦颐的一个铜像。

周敦颐《通书》里的原话是："君子乾乾，不息于诚，然必惩忿窒欲，迁善改过而后至。"理解一下，忿就是怒，惩就是制，用我们现在的话就叫做"制怒"。这个词对年轻的朋友尤其重要，年轻的朋友一定要控制自己的情绪。有些事情往往就是一时没有控制住自己的情绪，失去自控，而酿成了无可挽回的后果，所以这一点很重要，把怒气给它制住，这就是惩忿。窒欲就是让那些不好的欲望窒息。所以"惩忿窒欲，迁善改过"就是要求学子们压抑自己的欲望和怒气，改正自己的错误而向善，最后达到至诚的境界。

教条的第四条是处事之要。就是平时处理事情要特别把握住的原则。"正其谊不谋其利，明其道不计其功"。这一条是朱熹从《汉书·董仲舒传》里面引出来的。这两句话是告诉我们，一个人做任何事情，都应该是为了匡复正义，而不是为了谋取个人的利益。应该是为了明辨真理，而不是为了计较一己的功名。

前两年在大谈商品经济的时候，有些人对这两句话提出质疑，说这是儒生的腐朽之处。认为在现代社会就是该讲究我干多少事儿你就给我多少报酬，其他的不管。随着时间的推移，特别是随着汶川大地震等事件的出现，各位可以看到，我们中华民族，我们中国人民所表现出来的那种公益心，那种爱心，使我深深感到，一个人还是要有奉献精神，要有公益精神，要有正义感，这样活在天地之间才有点味道。否则的话，完全是利益关系，有时候想想会难受。即使在现代社会，这两句话还是有启发性的。

教条的第五条是接物之要，也是两句，第一句："己所不欲，勿施于人"；第二句："行有不得，反求诸己"。这一条也出自两处。"己所不欲，勿施于人"出自《论语·颜渊第十二》，自己所不希望要的东西，不要去强加给别人。孔子的一辈子的言论中，都贯穿这种思想，这是孔子所主张的处事原则。与这个原则相伴的另外两句话也极好，要把它连在一起，就能形成我们的人生观。就是除了"己所不欲，勿施于人"之外，很重要的一个就是"己所欲，欲施于人"。就是我想得到的也希望别人得到，这就好。前面是讲我不想要的不要强加给别人。但是反过来我想要的也希望别人有。所以我们经常有句话叫做：愿天下有情人皆成眷属。就是我希望自己爱情美满，我也希望别人爱情美满。所以在孔子的言论中，同样有两句很好的话："己欲立而立人，己欲达而达人。"这个理念太好了。就是：我自己想要成功，我也衷心发祝愿别人取得成功；而且只要有可能，我就要努力帮助别人成功。我自己想事业发达，我也衷心祝愿天下所有的人都事业发达；而且只要有可能，我就要尽我最大的努力，去帮助别人事业发达。这些美好的理念我们不一定都能做到，但这些美好的理念就像精神养料，多吸收一点，总是非常好的。

后面一句更好："行有不得，反求诸己。"这句话是出自《孟子·离娄章句上》，原文是："爱人不亲，反其仁；治人不治，反其智；礼人不答，反其敬——行有不得者皆反求诸己，其身正而天下归之。"这几句翻译成现代汉语，更有意思。他说：你去爱别人，却得不到别人的亲近，那就应该反过来检查自己的爱是不是不够；管理别人却不能够管理好，那就应该反过来检查自己的管理才智是不是出了问题；礼貌待人却得不到别人相应的礼貌，那就应该反过来检查自己的礼貌是否有不到之处。总之，凡是行为得不到预期效果的，都应该反过来检查自己，自身的行为如果端正了，天下的人自然就会归附。

这话说得多好。我们现在有很多东西都是你出自一片好心去做好事儿，结果得不到好报。那就不得了，怨声载道。孟子说，别生气，再检查一下自己。时至今日"行有不得，反求诸己"在我们的生活和工作中，依然是十分值得提倡的事情。举几个例子简单说一下。做学生的如果被老师判了不及格应该怎么样？有的学生不去检查他学习不认真，不好好复习，而是一味地恨这个老师。反过来做老师的，如果学生不认真听课，应该怎么样？经常遇到有的老师在办公室，把备课本往桌子上一摔，气愤地说：这个班简直不像话，这些学生不可教育，上课打瞌睡、不听讲，怎么怎么样……他就没想一想，你认真备课了吗？你教的这门课你是不是融会贯通而且理解得非常好了呢？你能不能深入浅出呢？大家知道，深入固然不易，浅出则更难啊。要把你懂得的东西，让坐在下面的学生都听懂，而且感兴趣，这是一门艺术。你检查了自己没有？很可能你课没备好，很可能你的语言表达艺术不行呢，对不对？所以孟子提出要大家都反思一下，这是对的。做领导的更要记住"其身正，不令而行，其身不正，虽令不从"。这是司马迁写《李将军列传》结尾的一句话，是夸奖"飞将军"李广的话。他说一个身处高位的人，如果你自身很正，处处以身作则的话，你不要下命令，你本身的行为就是无声的命令，人家都看到的。"其身不正，虽令不从"，如果你自己就不正，一天到晚搞歪门邪道，你坐在台上跟大家讲，各位要廉政，底下人要骂你。

我有时候还会想到弘一法师，弘一法师有个特点，他从来不批评他的弟子。他的弟子犯了错误，他首先检查自己。他说，这是我没有教好。于是他惩罚自己，一餐不吃饭。所以他的弟子一看老师如果哪一餐不肯吃饭，就知道我们中间肯定有人出问题了。所以大家都非常注意。

前面的教条部分是集儒家经典语句而成，便于记诵，层次很清楚。

首先，它提出了教育的根本任务是让学生明确义理，并把它用之于身心修养，以达到自觉遵守的最终目的。

其次，它要求学生按照学、问、思、辨的"为学之序"去"穷理"、"笃行"。

再次，它指明了修身、处事、接物之要，作为实际生活与思想教育的准绳。

把这五条列完了以后，朱熹专门有一段话对它进行阐释。朱熹这段话是古文，我把它的精神要领概括为三点。

第一点，朱熹认为，教人为学的目的，不是让人们学到杂乱的知识，写得出华丽的文章，借以沽名钓誉，谋取利禄。而是为了让人们按照经典，读书穷理，修己治人，成为对社会有用的人才。

第二点，朱熹认为，一个真正求学的人，哪里用得着别人创设规矩禁令而自己去遵循呢？靠规则来管束，对待求学的人来说已属浅薄。这一点说得很对。

第三点，朱熹认为，圣贤用以教育人的方法，都包括在经典之中，没有必要另搞一套。所以我朱熹一个字都不写，我全部从古圣先贤的经典中找出来，他们都已经说绝了、说全了。所以我专门选取圣贤用以教人学习的大原则条列于此，揭示于门楣，这才是学子们应该熟读深思、铭记于心而认真遵循的。

在此，朱熹把世界观、政治要求、教育目的与学习修养的途径融而为一。所以它出现之后，很快就成为南宋书院统一的学规，也是元明清各朝书院学规的范本，并影响到各级各类的官学，成为中国封建社会后期办学的准则。连王阳明都对它给予了极高的评价，他说："夫为学之方，白鹿之规尽矣。"

朱熹后来把这个学规带到了岳麓书院，岳麓书院也专门刻了这个学规。不仅如此，在朱熹诞辰 111 年的时候，宋理宗赵昀亲自御书《白鹿洞书院揭示》，就是皇帝把朱熹的这个学规亲自抄一遍，赐给太学的学生，这个规格就高了，一下就使该学规真正成了天下读书人共同遵守的教条。

至今在日本、朝鲜、东南亚各国的一些学校里，《白鹿洞书院揭示》仍然被奉为校训，称为"白鹿洞精神"。这些年，因为我是白鹿洞书院的教授，所以只要有外国的学者专家来，基本上都是我去接待。我这些年接待了来自日本、新加坡、韩国的一批又一批研究白鹿文化的学者，深感《白鹿洞书院揭示》在许多国家的重大影响。前不久我接待了一个韩国 250 人的大型高级汉学参访团，这些人是韩国"退溪学派"的研究者。李退溪，原名李滉，号退溪。朝鲜李朝著名的哲学家、思想家，他发展了朱熹哲学，并创立退溪学派。这个李退溪的地位有多高呢？韩国人为了证明他的地位，他们的团长送给我一张 1000 元的韩币，上面就是李退溪的像，用现在时髦的话来说，李退溪是朱熹的铁杆粉丝，他是重点研究朱熹学问的。而来的这 250 个人呢，又是李退溪的铁杆粉丝。在交谈的过程中，他们团长告诉我，他们国家有一些大学，至今依然是用《白鹿洞书院揭示》作为他们大学的校规。日本来的一些朋友也告诉我，日本也有一些学校是用《白鹿洞书院揭示》作为他们大学的校规。可见其影响之大。

朱熹的《白鹿洞书院揭示》对后世书院和学校校风、学风建设创立了一个良好的开端，它有利于书院和学校的管理，有利于学员的读书上进，也有利于教书育人。即使是今天看来，只要轻轻地抹去蒙在它上面的历史的灰尘，它就会闪烁璀璨的光芒！

演讲时间：2010 年 7 月 3 日

叶春生

岭南民俗：嬗变多姿　开发利用

主讲人简介：

叶春生，1939 年生于云南河口，祖籍广西灵山。现任中山大学中文系教授、博士生导师，国际民间叙事文学研究会（ISFNR）会员，中国民俗学会副理事长，广东省民间文艺家协会顾问，广东省民间文化遗产抢救工程专家委员会主任。主要致力于民间文学、俗文学、民俗学、岭南民俗文化及神秘文化研究，代表性专著有《简明民间文艺学》《岭南俗文学简史》等。代表性论文有《论〈粤讴〉》《广东水神溯源》《天籁同声唱客音》等等。曾获全国民间文学理论著作评比最高奖——山花奖，两次荣获广东鲁迅文艺奖，三次荣获广东省民间文艺著作评比一等奖等。

岭南民俗，根在中原，是中原民俗文化与南越土著文化结合，又与外来文化交融的结果；是南北融合、中西荟萃的产物。所以我说，它既古老又年轻，既传统又浪漫，既包容又有个性。它嬗变多姿，与时俱进，充满南国水乡的特色，领潮争先。

一、区域民俗的定位及其功能

区域民俗是指特定区域（如岭南、荆楚、齐鲁、关东）内由于人文地理的原因而形成的具有共同特点的民俗事象的领域。这一"特定的区域"和自然区域、行政区域、方言区域有一定关系，但不完全等同。如"岭南"，从自然区域上看，它泛指五岭以南的地区；若从行政区域的角度看，则包括广东、广西、海南和云南东南部分地区，而在现在人们的观念中，主要就是指广东。山川自然、物产风情对民俗事象有着重要的影响，经过多年的历史沉淀，成为该地区的人文特征，如东北的汉子强悍豪爽，江南的姑娘温存柔美，陕北的婆姨热情如火；北京人什么话都敢说，东北人什么事都敢干，上海人什么衣服都敢穿，广东人什么东西都敢吃；食在广州，玩在苏州，住在杭州，死在柳州。历史上晋商是出了名的，如今《大宅门》还在演绎着他们的过去；徽商是做盐业发迹，"青瓦白壁马头墙"便是他们的居所。他们的大门很少向南开的，南方属火，商家属金，火克金，故以避之。粤商是做外贸的，从五口通商到一口通商，口岸就在广州。至今，潮州人、温州人做生意还是比较精明的。这些现象，在人们的观念中似乎是定了格的。一些特异的民俗，就成了那些地区的招幌，浓烈的乡土色彩，最容易吸引人们的眼球。

民俗文化还是一种技能，它具有可操作性，在适当的条件下可以转化为生产力，创造经济价值。这种民俗技能转化为生产力与科技的转化方式不同，它更多的含有文化的因素，而在创造经济价值方面也分为直接的和间接的两种不同表现方式。广州番禺沙坑正月初八醒狮生菜会，从传统的生菜会改造而成，以醒狮竞技、会友，招商引资为主。平时作为民众强身健体、娱乐庆典、鼓舞斗志的行为方式为广大民众接受，从而在身体和精神上为促进生产、发展经济打下基础，这是间接效应。还有直接效应，如佛山祖庙、德庆龙母庙，每年收入都在千万以上。

我们必须善于把握这些特点，从心理、行为、语言等方面，探究其来龙去脉，发掘其文化底蕴，利用其内在的规律，才能展现其社会功能，包括认识功能、教化功能、娱乐审美功能、社交与协调功能，以达到褒扬新风美俗，促进社会和谐、安康的目的。马林诺夫斯基说："风俗——一种依传统力量而使社区分子遵守的标准化的行为方式，是能作用的、能发生功能的。"民俗作为一种文化现象，它是上层建筑，是依附于经济基础的，但它可以反作用于经济，为经济基础服务，不过千万不能作为经济的标签，搞什么"文化搭台，经济唱戏"，因为它一旦成为商品，就会丧失它的功能。

二、岭南民俗文化主要特色的当代审视

岭南民俗文化的特色，归结起来，主要有三：

第一，古老而又年轻，处处迸发出中西撞击的火花。至今岭南民俗中仍保持有许多古老的习俗，其中有中原汉人的古风遗韵，也有百越民族的特殊禀赋，传统节日的气氛特别浓烈，但由于它地处南疆，又有漫长的海岸线，最先接受海外民俗的影响，表现在日常生活中，不但有新兴海滨的迷人风韵，还略带一点"洋"味，构成了岭南民俗的显著特色。他们一面过春节，一面过圣诞节；一面游花街，又一面给情人送玫瑰花；一面吃蛇、烹狗、饮功夫茶，又一面吃汉堡包、寿司，喝鸡尾酒；一面

舞龙狮、跳棚、唱英歌（或称扣英歌），又一面跳迪斯科、唱卡拉 OK；一面供着财神占卜算命，一面又操着电脑预测市场风云。这些强烈的反差，是南北文化交融和中西文化撞击的结果。

第二，活泼多样，充满水乡浪漫情调。这是由岭南特殊的人文结构和地缘决定的。岭南人大多是经过四次搬迁从中原而来的，他们没有历史的重负，对故土不多依恋，很快与土著民族打成一片，有的围屋聚居，构成新的民系，加上水上生活的特殊要求，使岭南民俗异于他乡。这里有水乡特色的"水色"，充满浪漫情调。还有那轻歌曼舞的节日风情，年晚"游花街"那轻快活泼的调子，清新明秀的广东音乐，在人们面前展示出一幅春天万物沐浴着明媚阳光的画卷，使人轻松舒坦，又催人奋发，这正是岭南民俗的主旋律。

第三，极富有人情韵味，带有浓郁的市井风味。广东人感情比较细腻，不善表露，没有北方人那种热情豪爽的风格，但他们绝不会当面笑脸相迎，背后唾沫相送。在人际交往中一旦相知，便极重情义，"自梳女"们对自己的金兰盟友的深情自不用说，水上居民姑娘出嫁时那班姐妹陪泪的场面，也真叫人感动；广东华侨那种爱国爱乡之情，早已闻名四海，除了赤子之心之外，人情磁场不可排斥，至今广东生活中的"人情"开支仍占相当的比重。广州的茶楼，与其说是饮食天堂，还不如说是人情交往的大观园。那茶楼的装潢，茶楼风姿的趋时变奏，敏感地反映了市井风情的变化。如今现代化的大宾馆里的食街，不只是回归大自然的野趣，更是对南国市井风情的留恋，使岭南民俗具有更加迷人的风采。

这些民俗特色，揭示了岭南文化的特质：

第一，善于吸收外来文化的开放风气。从古老的民间传说开始，就具有一种与众不同的开放心态，至今南海神庙中还立有波罗国使者达奚司空的塑像，西来初地还有达摩祖师的遗迹。通过"海上丝绸之路"，印度、阿拉伯以及近代欧、美的文化科学早已传入广州，被吸收、改造成为本土文化的一个部分。特别是改革开放以来，广东人更发挥了这方面的潜质，博采中西之众长，广纳天下之贤士，在全国率先敞开大门，在对外经济、文化的交往中扮演了引人注目的角色，这并不是偶然的。

第二，努力超越"传统导向"的进取精神。岭南地区远离中国传统文化的内核，处处迸发出一种超越"传统导向"的进取精神。这一方面表现在对固有文化的吸收，另一方面则是大胆革除传统导向的文化名人，如岭南画派祖师高剑父，民主革命家孙中山，思想启蒙运动的先驱康有为、梁启超，第一个"睁开眼睛看世界"的抗英虎将林则徐等。这些灿烂的群星，代表了岭南文化的思想，他们的言行与业绩，亦可见出岭南文化的特异风格。

第三，实利重商的文化倾向。广东得天独厚的地理条件，使它在唐宋时代已经成为我国重要的对外贸易区，以珠江三角洲为中心向外辐射，特别是清中叶以后，随着国际市场对茶叶、丝绸需求量的增加，刺激了当地商品经济的发展，形成了当时商业系统著名的"广东帮"。商品经济的发展，对本地区的文化生活和社会心理产生了深远的影响，铸造了岭南文化讲求实惠、偏重商业的倾向，铸造了广东人低调务实的性格。

那是优点，也是缺点：偏安一隅，眼界不够开阔，不与世争，淡泊功名，淡泊政治，但讲求实际功利；单打独斗，缺乏团队精神，出不了拳头产品和"大家"。孙中山功名显赫，任期短暂；洪秀全半壁江山；岭南画派虽一枝独秀，但在全国的排位也略靠后，名家也不多；粤剧、粤菜也是近几年才上来……希望通过交流吸取中原文化、京华文化的养料，弘扬传统，凸显个性，以利创新发展。

三、全球经济一体化大潮下，区域文化整合，
开发利用观念的更新

社会发展到今天，要实现经济的可持续发展，需要文化的支撑，特别是具有区域特色的文化软实力，比如一些非物质文化遗产的亮点。这一方面，大家已经达成共识。开平的碉楼与村落进入世界文化遗产名录

之后，旅游收入翻了两番；澳门古街区进入世界文化遗产名录之后，旅澳游客翻了四倍。最明显的是一些非物质文化遗产，2005年广东凉茶登上了国家级非物质文化遗产名录，销售额从2004年的3亿元飙升到2008年的300亿元，升了100倍。其奥秘就是要根据区域文化的特点，抓住它的传统文化核心价值，运用中药配方中讲究"君臣佐使"配伍的制作技艺，应对"虚、实、寒、热"的不同受众，实行生产性的保护开发，收到了很好的效果。事实证明，对文化遗产的保护与开发，要更新思想，要以新的内容和更加完善的形式来实现，要跟上时代的步伐，在全球经济一体化的时代，文化的整合是必然的。越是这样，就越要凸显自己的个性，它才有生命力。对区域文化的开发利用，必须在传承、创新的科学理念中进行，以科学发展观推动民众的活态传承，这是最好的保护。但切莫急功近利，为眼前的经济利益，搞伪民俗，搞建设性的破坏。

对区域文化的活态传承，关键是培养传人，使之融入民众、融入生活、融入社会，扎根在民间、保存在民间，成为老百姓日常生活的必须，这样才能一代代传承下去。工作要从青少年抓起，让民俗文化进课堂，如潮汕的灯谜、剪纸，珠村的乞巧，广州的粤剧，顺德、南海的醒狮，樟木头的舞麒麟，都已后继有人，把民俗遗产"活化"，守住传统，才能经得住"技术文明"的冲击和全球一体化的颠覆。

要善于利用区域特异民俗资源，提高所在城市的品牌，如广州的岁暮花市，中山小榄的菊花会，客都梅州、潮人恳亲会等，利用这些特色文化，开展社区联谊活动，如珠三角水乡的龙船趁景，吃龙船饭，高州茂名一带做年例等；提倡文化资源共享，合作双赢，冼夫人文化遗存，电白、高州、海南都有；龙母信仰与先贤崇拜，广东德庆、广西藤县、梧州都有；但冼夫人的故里在哪里，龙母的故里又在哪里，都有争议，乃至影响团结与和谐，那就不好。这种情况，全国各地都有，牛郎织女的故里，梁山伯与祝英台的故里，都在争。那是传说人物，有历史的依据，但不是历史的真实，没有必要争，谁做得好，谁有更多的信众，谁就是赢家。德庆龙母庙规模不算大，但其效益比佛山祖庙，甚至北京东岳庙高几倍。最近还有些地方在争西门庆的故里，那是文化作品中的人物，而且是反面人物，争他干什么？不但无聊，而且庸俗！

区域民俗的差异还提醒我们，对于我国这么一个地域广阔、民族众多、风俗各异的大国，办什么事都不能一刀切，要考虑到这些差异，要符合民众的需求。经济特区的设立，就考虑了这些因素，粤、港、澳的发展纲要，泛珠三角经济文化圈，更有长三角、渤海湾等，也有这方面的因素，也都取得了一定的效果。除了民俗的差异以外，还有民俗互补，资源的互补，民俗功能的综合开发与改造。广州有两个传统诞会的嬗变是成功的案例。一是正月二十六的"生菜会"，旧称"观音开库日"，可向观音借钱，来年生发还愿。改革开放后有的改为正月初八，乘春节的余兴举办；有的改为正月十五，结合元宵节一起进行，寓"生菜"为"生财"，借"生菜会"来招商引资，也很切题。另一例是七月二十四白云山的"郑仙诞"，原是纪念行医济世的方士郑安期的，新中国成立后改名为"白云诞"，因诞期与重阳节相近，合二为一，把民间信仰登高转运与群众强身健体、爬山锻炼相结合，每届都有几十万人响应，已演以为俗。

特别是广东凉茶的案例更使我们体会到，文化遗产的经营和生产技术革新之道的重要。关键就在于抓住了产品的核心价值，改革了生产工艺和营销手段，观念上也把它从"药"转变成"保健饮料"，顺应了民俗心理，拓展了市场空间，增添了它的生命活力。事实证明，这种生产性的保护方式，是活态保护和开发利用的好办法。但如何保持区域文化的多样性，如何处理好社会化和个性化的关系，在借助现代技术生产的同时，如何保护传统手工技艺，乃是值得我们研究的重要课题，愿以此就教于诸位。

演讲时间：2010 年 7 月 4 日

谭继和

神奇、神秘、神妙的巴蜀文化

主讲人简介:

谭继和，四川省社会科学院研究员，著名历史学者。兼任四川省政协文史委员会顾问，成都市专家委员会主任，四川省历史学会会长，中国史学会理事，四川郭沫若研究学会会长，四川省民族民间文化保护工程专家委员会副主任。主要学术著作有《巴蜀文化辨思集》《巴蜀文脉》《巴蜀文化图典》《历史文化名城成都》《天府神游》《天府之国》《进策天府优游》《郭沫若研究辨思集》等。

我讲的题目是"神奇、神秘、神妙的巴蜀文化",也就是讲巴蜀文化的主要特点,用上述三"神"六个字来概括它。一共讲四个大问题:

第一个大问题:什么是巴?什么是蜀?什么是巴蜀文化?第二个大问题:历代海内外人对天府之国的观感和总印象:神奇特异;第三个大问题:巴蜀文化的总体特征:巴蜀自然世界无边的神奇、巴蜀文化世界无穷的神秘、巴蜀心灵世界无尽的神妙;第四个大问题:结语,沿着流光溢彩的巴蜀历史文化长河前行。

什么是巴?什么是蜀?什么是巴蜀文化?

我们中国区域文化丰富多彩,各具特色。如:燕赵文化、齐鲁文化、吴越文化、荆楚文化、巴蜀文化、岭南文化,各有地域特色。请注意,它们多是双音连语,多是相邻两个地域形成一个同风同俗的文化共同体。为什么会是这样?饶有兴味,值得研究。除了民族语言习惯的原因外,也有文化上相邻交汇的原因。例如,巴和蜀二者怎么联系在一起的呢?这就牵涉到巴和蜀何时形成一个文化共同体的问题。在战国以前的文献里,巴和蜀一直都是分开称呼的,直到《战国策》才出现了"巴蜀"连称。在甲骨文里有巴方,在周原甲骨里有伐蜀的记载,当时蜀国是巢国邻近的一小国,但没有巴蜀连称。历史文献里,《左氏春秋》有巴子、巴国,是周王封的姬姓国家,巴子娶有巴姬。但《左传》里没有西南的蜀国,有个"蜀"字,是山东的一个地名,这是很奇怪的。直到战国时代,巴和蜀这两个区域才连称在一起,最早的记载是《战国策·秦一》合称"巴蜀"。这个"巴蜀"合称过程透露了这样的信息:巴与蜀地域相连,在远古是两支各自起源与发展的文化，经过长时期的历史发展，两支文化才互相交融和认同，直到战国时代才取得整体的"巴蜀文化共同体"的共识，《史记》《汉书》才有巴蜀与汉中同风同俗的正式记载。这样一个地域文化共同体一直延续发展到现在，从来没有中断过。

下面分别讲一讲"巴"字和"蜀"字的来源：

什么是"巴"？关于"巴"字的来源有几种说法。通常按《说文解字》讲，"巴，食象蛇也"，巴就是一条吞大象的蛇，弯弯曲曲的大蟒蛇，的确像一个大"巴"字。《山海经》记有巴蛇食象的故事，这条大蟒蛇吞掉这只大象，消化了三年，才把它的骨头吐出来。其他还有关于"巴"字的一些不同解释，例如说"巴"就是"坝"。我是东巴区域的人，在西蜀工作。巴有很多大山，平坝虽多但不大，多称为"坝坝"，巴人觉得稀奇，就成为巴的特点，这是巴字的一种说法。另外还有巴字是指石板的说法，都不确，没有获得公认。

巴的区域是指哪些范围？通常指秦的巴郡，两汉三国时期的"三巴"，巴东郡、巴郡、巴西郡。从最广泛的意义上说，巴作为地域名称，它的涵盖面很广，不但包括长江三峡在内的川东鄂西地区，还北达陕南汉中之地，包有嘉陵江流域及汉水上游区域，南到黔涪之地，就是黔中和湘西地区，同夜郎国文化交融。由于这一大片地域通称为巴，所以世代居息繁衍在这块土地上的各个族群也通称为巴。"巴"这个地域名称，应该说在夏商时代就已经有了。在相传大禹与伯益著的《山海经》里已记载着"西南有巴国"，夏启的臣子孟涂主管巴地神祇的事。古巴人分为两支，一支是清江流域的廪君蛮，另一支是在嘉陵江渠江流域的板楯蛮，这是巴人不同的两支来源。廪君蛮的习俗是崇拜白虎，敬拜白虎。而板楯蛮习俗是射杀白虎，敬畏白虎，他们的信仰不一样。不过，不管是拜还是畏，对白虎"敬"的本质是一致的，白虎是巴人的文化标志。今天的土家族就是从廪君蛮和板楯蛮来的。他们至今还保留着巴人这两种习俗。在神龛上供着白虎的，叫"坐堂白虎"，来源于廪君蛮敬重白虎的习俗。在大门上刻着白虎，希望白虎不要进他的家，当做门神供起来。这叫"过堂白虎"，来源于板楯蛮射杀白虎的习俗。巴人的中心活动区域是嘉陵江，古称渝水。巴人首先在阆中建都，逐步南迁，最终建都于江州，就是今天的重庆。这里要补充说一说"巴"字究竟是怎么来的。古文献记载说"阆水曲折三回如巴字"。阆水即嘉陵江，嘉陵江有一个很大的特点，就是多曲流。嘉陵江围绕阆中古城转了三个弯，它的形状像个"巴"字，今天阆中这个巴字形山水城镇格局，已成为阆中古城的旅游品牌。这是"巴"字来源的又一种说法。我们学者认同的就是这个说法。在阆中建都的巴人曾帮助周武王伐纣，"歌舞以凌敌"，唱着巴渝曲、跳着巴渝舞去打仗，这是当时巴人的风俗。到汉初，巴人仍然以巴渝舞凌敌，帮助汉高祖夺天下，立了大功。汉高祖刘邦就减轻了他们的赋税，每家只交十贯钱，这十贯钱又叫做一賨。所以那以后，巴人又改称为賨人，今天从阆中到渠县还有不少賨人文化遗存、遗物与遗迹。巴渝舞与巴渝曲，流传很长，杜甫诗里有"万里巴渝曲，三年实饱闻"的诗句，以后演变成竹枝词。竹枝词是来源于巴人的，通行于巴蜀地区，以后风行于全国其他地域。川剧的高腔也有竹枝词融入。今天土家族的摆手舞，就是从古巴人、古賨人来的。

什么是"蜀"？蜀的本意就是《诗经·豳风·东山》讲的"蜎蜎者蜀，蒸在桑野"。《说文解字》解释为"葵中蚕"。《尔雅释文》称为"桑中蚕"，《诗经毛传》把蜀字就叫做"桑虫"。这个桑虫和今天的家蚕有区别。《韩非子》把它区别为"蜀"和"蠋"两个字，指的是家蚕和野蚕两种。蜀字最早的来源应该是指野蚕，就是毛毛虫。我不知道我们北京人能不能听懂，四川话就叫"猪儿子虫"，是古蜀人的食物，是原始部族蜀人采集时代食虫留下来的习俗。

蜀的区域，通常指秦的蜀郡，汉代分为三个郡，统称为"三蜀"，包括蜀郡、广汉郡、犍为郡。作为古地名，在古文献当中，记载的有蜀山，就是我们现在的岷山。早在黄帝时代，他的儿子昌意，孙子颛顼，又叫高阳氏，他们世代同蜀山氏通婚。黄帝玄孙大禹承袭高阳氏颛顼与虞舜一系，"兴于西羌"，出生于今岷山区域，多处有传说他出生的石纽遗迹。

乡土文化研究（第一辑）

因此大禹也是蜀人。这样看来，从最广泛的文化意义上说，蜀和巴都是包含着地名、人称、族称、国称，文化概念这样的多层次内涵的复合型概念。在蜀的先祖里面，没有准确的世系，历史也很迷茫，我们至今还找不到像《竹书纪年》有关中原夏代世系、甲骨文有关商代君主世系那样很准确的记载，只有古蜀五祖的一些传说。最早的蚕丛、柏灌、鱼凫，合称为古蜀三王，这是蜀史的传说时代。在它的后面有杜宇时代、开明时代。杜宇教民稼穑，是巴蜀农祖，已经进入农业时代。开明时代从丛帝鳖灵时起，才有十二世的记载，战国时为秦国所灭。总之，巴和蜀在古代还是迷迷茫茫的，传说多，文献记载很迷茫，但今天考古发现却很神奇。在甲骨文里，特别是周原甲骨里，有关蜀的记载，主要是指以成都平原为中心的古蜀国。这个蜀国，大家已经知道，在殷墟中期出现了高度发达辉煌的三星堆青铜文明。从商周时代到春秋战国，古蜀国曾经几次发生都邑的迁徙转移。三星堆文化衰落以后，就迁到成都城西的金沙遗址来了。自此以后，成都城 3000 年没有迁徙过，城名（成都）近2500 年没有变动过，这是世界少有的城市特征。古三巴与古三蜀的地理范围，以及周边"与巴蜀同俗"的地区，统称为巴蜀文化区。这个文化区超过了我们今天四川和重庆市的范围。它是在中国的西南部，以四川盆地为中心，兼及周边地区，而风俗略同的稳定的地域共同体。它的腹心地区大致与今天的四川省和重庆市的区域相当。不过在古代，巴蜀文化区地理范围要宽泛得多，北边还包括汉中盆地，南边还包括贵州、包括湘西山地这样一些"与巴蜀同俗"的地方。

什么是巴蜀文化？巴蜀文化就是指以四川盆地为依托，北到天水、汉中，南到滇东、黔西，这样一个大范围内，起源发展于长江上游流域，具有悠久而各自分别的始源并长期交融，不间断发展至今的一支地域文化。我们中华古文明的起源，苏秉琦先生有一个很形象的说法，叫做满天星斗在起源。各个区域文明都在各地起源，后来互相认同，经过文化认同、民族认同、国家认同的漫长过程，形成我们中华民族五千年这样一个悠久的多元一体的文化共同体。巴蜀文化是其中的一支，指的是起源于长江上游流域，有长期连续不间断性发展进程，直到今天还活跃着的中华一个区域性的文化。如果认同这样的定义，我们从文化学的观点来讲，有三点值得注意：一、它是区域文化，有它独特的区域的特征和奇特性。它同中华民族整体文化有过长达好几千年的文化认同的历史过程。二、巴蜀文化从古到今，具有历史的延续性，从没有中断，这当然也是我们大中华文化的特点。三、作为区域文化，巴蜀人有他自己特殊认可传承的一套思维模式，有自己特殊的个性、有自己独特的文化想象力和文化创造力。我们今天在四川与重庆发展旅游，主要就是依靠古巴蜀人文化想象力创造出来的文化遗产。

历代海内外对天府之国的观感

我归纳起来四个字"神奇特异"。四川从来是富庶悠闲、别有洞天的天府之国，被古人誉为"优游天府"。"初唐四杰"之一的王勃，专门为了游览和观光景物的目的，从长安进入巴蜀，来到剑阁，写了"入蜀纪游诗三十首"。这是我发现的在我们巴蜀旅游史上，以旅游为目的的个人旅游的最早记录。他从秦岭剑阁一路进到岷山，"采江山之俊势，观天下之奇作"，俊秀的江山形势，壮丽的天工奇构，确实给了他很多灵感，游仙似的神游般的快感。他描绘巴蜀山川的特异："丹壑争流，青峰杂起，凌涛鼓怒以优注，天壁嵯峨而横立，亦宇宙之绝观也。"根据这个描写，进入到岷山，看见的是大山大水，"丹壑争流，青峰杂起"，不是小山小水，而是岷江"凌涛鼓怒"，岷山"天壁嵯峨"。他用了一个我们今天来看还是很现代化的词汇，叫做"宇宙之绝观"。这就是我们巴蜀山水的特点，大山大水，宇宙绝观。在他之后，诗圣杜甫进入到四川来，他是河南巩县人，带着中原人的文化眼光，感到巴蜀中的山川习俗迥异，是"别一世界"，是不一样的世界。他看到的山川是新的："我行山川异，忽在天一方。"看到的人也是新的："但逢新人民，未卜见故乡。"请大家注意，居然不避太宗李世民的讳，把我们巴蜀形容成为"新人民"，这是杜甫开始的。看到的习俗也是很新的："出入异中原，天路看殊俗，异俗嗟可怪。"看到的城市也是新的："喧然名都会，吹箫间笙簧。"这就是成都，成都也是古代东方世界的音乐之都，"锦城丝管日纷纷，半入江风半入云。此曲只应天上有，人间能有几回闻"？到 19 世纪末，法国人古德尔孟进入到四川。他写了这样的观感：进到四川来，看到的田野是桑麻遍野，井井有条，可想见其农夫之勤。看到的城市和商市堆满了货品，"陈列满场"，"发运他省者相望于道。此等绝妙未经开辟的舞台，稍加点缀，即可成为一东方的巴黎"。成都有"东方的巴黎"的外号，这是古德尔孟首先比喻的。后来白屋诗人吴芳吉也写竹枝词，称为"成都富庶小巴黎"。成都还有一个"小北京"的雅号，成都这个城市，跟北京城市结构确实差不多。这是茅盾在抗战的时候进入四川，给成都取的一个雅号。他认为成都是个"民族形式的大都会"。我这里要讲民国初期还珠楼主写的武侠小说《蜀山剑侠传》。他说"西蜀本来是个神秘之国"。还珠楼主，本名李寿民，也是四川人。他讲我们西蜀本来就是一个神秘之国，所以我用"神秘"这个词作为我们巴蜀文化的一个主要特征。其实说来，《蜀山剑侠传》应该被金庸先生模仿或者参考过，例如，他的武侠小说里外号什么绿袍老祖的，这些外号都是《蜀山剑侠传》里面取名的。可以这样说，他启迪了五六十年代的金庸先生的武侠小说。现在我们可以总体来归纳为一句话，巴蜀是一块神奇特异的地方，同中原景观特色迥异，是绝域殊方，是天府胜境，是宇宙绝观，所以从古到今都能引起海内外人士在文化心理上对我们巴蜀的特殊新鲜的感受。这种历代都能认同、达成共识的"优游天府，宇宙绝观"的观念，一旦形成一种连续性的传统，就变成了今天一笔无与伦比的旅游遗产，今天正对四川的旅游产业产生深远的影响。

巴蜀文化的总特征是什么？

巴蜀文化的总特征是这么三句话：神奇的自然世界，神秘的文化世界，神妙的心灵世界。下边我分别做一些解释。

神奇的自然世界，或者叫做自然世界无边的神奇。

第一，一盆巴山蜀水，万卷天府之国，是巴蜀农业文明的摇篮。巴蜀文化最大的特征是农耕文化，起源很早，历时很长，从大禹在岷山治水就开始了有巴蜀特色的农业文化。第二，是"宇宙之绝观，优游之天府"，巴蜀山水景观具有天下第一流神品的品质。第三，自然世界在巴蜀有两大神奇之处。我们知道古人常常用雄、险、幽、秀来形容巴山蜀水。"剑门天下雄，夔门天下险，青城天下幽，峨眉天下秀。"这里有保存完好的原始自然生态，古老独特的地质现象，冰山、草原共生的高原风光，特殊的民族风情生态。它有两大神奇之处，是其他地区难以比拟的：一是与世界几大古文明发源地同纬度的现象。二是盆地内很多河流的中下游都具备大地褶、大背裂、大裂谷这样的地貌特点，多形成峡谷地带，形成巴蜀多"三峡"景观。

世界几大古文明发源地，都集中在北纬 30 度，例如：西亚美索不达米亚平原两河文明，北非的古埃及文明，印度文明。巴蜀正好在北纬 30 度上下。不同的是，巴蜀是在一片平畴绿野和天府陆海的优越绝妙景观中诞生的，直到今天也还是天府之国。而两河流域的文明同埃及文明，虽然也是在绿洲上产生，但是周围都是大沙漠。这是第一大特点。

第二是大地褶、大背裂、大裂谷地貌引起四川多"三峡"景观。三峡之称最早的来源是西晋左思《蜀都赋》，还有一个是郦道元《水经注》里最早有了"三峡"这样的称呼。三峡这个名称是长江三峡的特指，但后来就变成了巴蜀很多河流，特别是峡谷激流的共称。现在有三峡之称的地方就太多了。重庆奉节、巫山大宁河有小三峡，有小小三峡，丰都、涪陵有小三峡，岷江、青衣江、沱江、涪江、嘉陵江都有小三峡。所以"三峡"就变成了一个文化名词，具有深厚的历史积淀。"三"字本来古汉语讲就是多的意思，但为什么竞相叫三峡，而不叫大峡、二峡、四峡、五峡呢？因为这些名词没有文化味，推广不开。只有三峡是一个有历史文化韵味的文化名词。

神秘的文化世界。我这里具体讲一讲文化世界无穷的神秘。这里我先引用中央文史馆原副馆长谢无量先生的话。他是大文人，已经去世多年了，我们四川人。他讲"蜀有学，先于中国"，这里的"中国"是"中土"、"中原"的意思。就是说蜀的儒和道都比中原还早。儒、道其实皆蜀人所创。佛学当中的禅学是蜀人发扬光大的。所以传统文化的主干儒、释、道三学，巴蜀都占有特殊的地位。根据他这个思想，我把巴蜀文化分为八大特点：仙源在蜀、道源在蜀、天数在蜀、易学在蜀、儒学源蜀、文宗在蜀、才女在蜀、菩萨在蜀。儒、释、道三大方面八大特点，由此我们可以看出，巴蜀文化对以儒、释、道为主干的中华传统文化，分别做出了开源性的贡献或者奠基性的贡献。

第一是仙源在蜀。神仙说最早发源于哪里？闻一多先生曾经有《神仙考》一文专门论证。他认为古昆仑山的神仙说，早于齐国滨海地区，早于蓬莱的神仙说。古昆仑就是指的古岷山，古岷山是神仙说最早发源的地方。

神仙说怎么发源的？且听我从考古与文献两方面加以论证。

我先讲巴蜀的考古发现，同古蜀仙道的关系。大家知道，道教是在四川起源的。其实，在东汉创立道教之前，还有1000多年的神仙说起源时期，叫做"古蜀仙道"。这个古蜀仙道起码是从三星堆和金沙遗址那个时候开始的，距今3000多年了。为什么这样说呢？请大家看看三星堆，也可能在座不少读者已经去过四川看了三星堆。那是些神奇特异的文物，那些奇特的青铜面具，青铜立人像，各种飞鸟和怪兽形状，有的像千里眼、顺风耳一样，给我们感觉是像外星人一样的形象。这确实是我们古巴蜀文化最高峰、最奇特、最辉煌的青铜文明时期，大家看到这样一些青铜面具，都非常惊叹，那么请问一下，我们古蜀人，为什么要造这样一些奇形怪状的面具？为什么中原文化里面又没有这样的东西？我们知道中原文化是重礼制、重礼器的文化，其文化代表是司母戊鼎，重832.84公斤，但是殷墟里绝没有这样一些奇怪的人像。我们不禁要追问：这些蜀人为什么要造这些神像，他想的是什么？他的思维是什么？他崇拜的是什么？他信仰的是什么？用今天的话来讲，就是追问我是谁？我是从哪里来，我是什么样子？追求的是什么？现在爱用西方文化术语来解释，什么神巫啊，酋邦啊，政教合一啊，其实这样拾人牙慧并不好解释。用我们中原文化的观念来解释，也不好解释。我找到一个解读的方法，就是古蜀人是最早具有羽化飞仙似的幻想和神仙式文化想象力的人。他们用富于浪漫、仰望星空的思维方法，制造了这样多的神奇特异的青铜面具，也是他们的信仰的体现。因此，我现在就用本土文化的神仙说的观点分析四川广汉三星堆遗址和成都青羊区金沙遗址留下来的文物，看一看这些文物背后，古蜀人他们心中在想什么，崇拜什么，他们幻想的是什么东西？答案是：他们把对祖先的崇拜和对自然的崇拜结合在一起，形成"羽化飞仙"的观念，变成对神仙世界的信仰。"羽化飞仙"最早就源于三星堆和金沙。三星堆和金沙遗址出土了大量的鸟形、羽翅形、人鸟形的器物与纹饰，细加分析，我们可以从中看出人鸟观念的诞生，还有我们道教里面讲的教人学仙的"上古之法"的思维来源。我这里着重讲这个"上古之法"，就是古蜀仙道的产生。我把古蜀人仙道思维的产生和来源，结合文物分为十一个思维步骤：

第一步想到的是对飞鸟和羽翅的崇拜。请看，这个铜鸟，最奇特之处是它的翅膀很大、很长、很高，它的两翼和尾翼都超过了它的身体部分（图一）。可见，蜀人最向往、最崇拜的是飞鸟，而且是飞鸟的翅膀。请看这件青铜鸟羽翼的饰件（图二）。像这样的形象在三星堆遗址里边有成百件。在一号祭祀坑 E 形玉璋顶上，不是鱼头，而是一个飞鸟的形象。可见飞鸟在蜀人的观念中多么的重要（图三）。

第二步，崇拜什么样的飞鸟？请看这里的鹰头杜鹃形象（图四），它头上还戴着羽毛冠，很高很大的羽毛冠。可见蜀人对杜鹃的崇拜，杜鹃在古蜀传说里就是蜀王杜宇的化身。李商隐有两句诗："庄生晓梦迷蝴蝶，望帝春心托杜鹃。"这里的青铜鸟就是杜鹃崇拜最早的原型。

第三步，鸟要往树上飞，这就产生了对鸟神树的崇拜（图五）。这是一号神树，它有九个枝头，每个枝头上有一只鸟。树的最顶上残缺了，很可能还有一个枝头，还有一只鸟，天有十日嘛。

   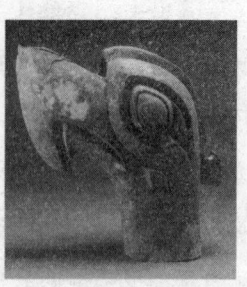

图一　　　　　图二　　　　　图三　　　　　图四

第四步，既然幻想着飞鸟，幻想着神树，看见鸟在树上，就希望人也能像飞鸟一样在树上。所以就出现了人乘飞鸟的形象（图六）。请看，这是穿着短裙，叫做衣裳的"裳"，两条粗壮的腿，分别踏在两个鸟头上。这个形象有点像蜀人的形象，蜀人比较矮小，他踏在飞鸟的头上。

    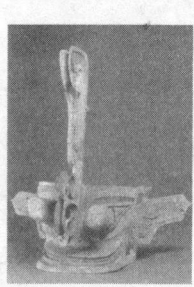

图五　　　　图六　　　　图七　　　　图八　　　　图九

第五步，人想象的是踏在飞鸟上还不行，还要借助飞鸟，还不如自己就能长出翅膀来，像《羽化飞天经》说的"肉身能飞，其翔似鸟"，这当然就最好了。请看，这是一个青铜"大象头冠"人像（图七）。考古报告认定它是个大象的头冠。依我看，它更像一个飞鸟的卡通。这两个羽翅，特别的大。

第六步是人鸟合一。人身上长上翅膀还不够，最好人就是鸟。像道藏里《元览人鸟山形图》所说，有人之象，有鸟之形，形和象结合起来，"总号"就叫做"人鸟"。请看，这是青铜树花瓣上立着的人面鸟身青铜鸟（图八），是人的面，一个很奇特的人面，有一个鸟身，长着两个很奇怪的翅膀。

第七步，古人相信人有灵魂，是可以不死的。"魂"字是右为大头之人，左为"云"。大头人是肉身，人的灵魂在肉身内不可名状，故用烟云之气代表人的"魂"，这个"云"可以离开人的身体，我叫它灵魂出窍。魂是心灵的代称，魄是体魄的代称，魂魄就是指人的心灵。请看这里的2A型青铜面具（图九），"纵目"，大耳朵，阔嘴巴，的确像我们想象中的外星人。《蜀王本纪》说，第一代蜀王蚕丛"目纵"，蚕丛氏就是"纵目"。过去我们无法理解什么叫"纵目"。我们学者以为二郎神在额头上第三只竖起来的眼睛，这个叫"纵目"。看了我们三星堆发掘出的这些"纵目"面具以后，我们才知道我们解释错了。"纵目"就是指眼球呈圆柱形突出。估计那个时候的人，缺盐、缺碘，得甲亢的比较多，眼球就比较突出。越突出就越神圣，甚至夸张为圆柱形眼球，这就成了神圣的代表。最奇特的是鼻梁上方额上伸出来这样一个勾云翼样的东西。我猜想这就是蜀人幻想他的天灵盖里边能生出一个像飞鸟乘烟云之气一样的东西，想从额头上飞出去。我叫它灵魂出窍，是从天灵盖这个地方出窍。因为人从小，囟门这个地方就长不齐，留下了头盖骨之间的一块空隙，叫做"天灵盖"。古人就想象，人的灵魂从这个地方跑出去了，在烟云之气中变成飞鸟，逍遥似神仙，所以叫灵魂出窍。这些形象体现了蜀人羽化飞仙的思想，也就是后来道教的核心。当我们看到青铜面具人额顶正中升出高高竖起的勾云翼的形象，我们可以比较有把握地说，这是古蜀人脑额幻想飞升，希望魂魄化出人体，幻化为翼鸟的象征物。

第八步，顺理成章，生成羽人，飞仙上天。这里是金沙遗址出土的一件玉琮（图十），这件玉琮来源于良渚文化。这个玉琮上很奇怪的是，有一些线刻的形象和纹路。请大家看左上角，是一个人甩着水袖的形象。两只水袖上还长了两个翅膀，头顶上还戴了一个很大的羽毛冠。这是我们现在发现的最早的长着翅膀的人的形象。就是羽人的形象。右下角是神人的面像，两个眼睛。在他的头上和他的嘴巴下边，也都有一些羽毛形状的东西作装饰。这是最早的羽人，出现在3000年前。从以上的分析我们可以取得这样的共识：3000年前三星堆和金沙遗址的有关遗物证明：

这里就是古蜀人羽化飞仙思想最早的渊源。羽化飞仙，是道教的核心思想，希望成为神仙，就必须变成羽人。最早的羽人就是金沙遗址玉琮上线刻的鸟羽人身像。以后，秦汉画像砖石里这种羽人形象就相当多了。

第九步，这些羽人向哪些地方飞了？向太阳飞去了。奔日之仙，追求光明，这就是金沙出土的中国文化遗产保护的标志"太阳神鸟"金箔体现的意象（图十一）。怎么解读这个太阳神鸟？我们看它的图形，是四只鸟作绕日飞翔状。这四只鸟应该是四只金色的乌鸦。内圈有 12 条光芒，有可能代表 12 个月。四只神鸟有可能就是代表四季。当然这是我们的猜想了。这四只金乌，围绕太阳飞翔，每一只金乌的脚是三个爪，就是"三足"。我们知道，我们华夏有太阳神的传说，就是"日中有三足乌"。汉代的画像砖，伏羲肚子上就有一只金色的乌鸦，三只脚的。这里介绍一下太阳神形象的知识，世界各个原始民族都崇拜太阳。其形象大体上可分为三大系统：第一大系统，是人面放射着光芒，或者人在太阳中站立的太阳神形象。第二大系统就是太阳放射出许多光芒的形象，这些光芒简化为"十字架"，像天主教、基督教的十字架，就是太阳光芒变化来的。第三大形象系统就是我们华夏崇拜金乌。太阳里边有金乌形象。刚好我们 3000 多年前的太阳神鸟就是这样的金乌形象。这是华夏太阳神传说的实物证据，是世界原始民族三大太阳神形象系统的一大来源。

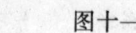
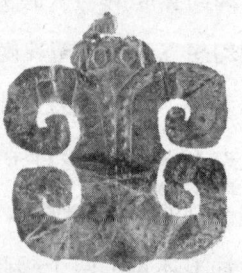

图十　　　　　　图十一　　　　　　图十二

第十步，人们想的是，飞奔太阳还不够，还应该飞奔月亮成仙，追求纯洁。"月者地之魄"，月亮是大地的精魄（图十二）。这是金沙遗址出土的蟾蜍金箔，很薄的金制作的。在三星堆遗址里还有石制的蟾蜍。这是我们西蜀地方华夏族把蟾蜍作为月亮形象代表的传说最早起源地的实物的证据。我们知道有关月亮的传说有多种，有吴刚伐桂的传说，玉兔捣药的传说，也有蟾蜍食月的传说。哪一个传说更早呢？千百年来，学者争论不休，究竟是蟾蜍做月亮的代表早，还是玉兔作为月亮的代表早，无法得出结论。现在通过考古发掘，三星堆和金沙遗址解决了这个问题。3000年前出现了蟾蜍的形象，却无玉兔的形象，说明蟾蜍形象早于玉兔。把玉兔来比喻为月亮，应该是秦汉以后的事了。以上两种日、月神崇拜的特殊信物，后来在道教科仪里被广泛应用。"日者天之魂，月者地之魄"，这种观念是仙化飞升思维模式的产物，是蜀人特殊的仙道化思维过程的结晶。

这里我们要顺着古蜀人的思路，讲古蜀人思考到位的第十一步：想象飞翔的怪兽，托起蜀人的大地，进入仙乡人居的"天府"。证据就是三星堆出土的青铜神坛。这个三星堆神坛，其实不是很大，就20多公分高，共分为四层（图十三）。最下边的一层，是长着翅膀飞翔的一个怪兽。第二层是四个武士站在地上，这也许是代表飞翔的怪兽托起蜀人的大地的含义。第三层是山的形状，有三大片。第四层是一个大建筑的屋顶，这个屋顶下四面各站着四个武士。屋顶上则每面有一只飞鸟。现在，我们来想象一下，这个神坛也许表达出这样的意境：飞翔着的一个怪兽，托起了蜀人的大地，向哪里走？通过昆仑神山，也许山上还有神树，可能是"建木"，也可能是"若木"，最后，再上到第四层就进入天堂，蜀人的天堂用神殿作为代表。因为里边有武士守卫，又有飞鸟衬托，是飞鸟托着的天堂。我们知道中原典籍记载大地是一个大鳌鱼托举起来的。在我们蜀人的观念里边不一样了，是一个飞翔的大鸟或叫怪兽托起来的。我们如果来猜想古蜀人的观念，他造这样一个20多公分高的神坛，就是要表现他们如何进入天堂的观念。一句话说来，就是飞翔的怪兽托着蜀人的大地进入飞鸟自由翱翔的天堂。那么说得难听一点，就是道经里的一人得道，鸡犬升天。说得好听一点，那就是蜀人希望连飞鸟一起，大家都进入天堂。表现的主题是人和鸟合在一起的。"天地写空中之书，以附人鸟之体",这是《道经》上的话,很恰当地表现了蜀人这种飞天的观念。古蜀人对神仙的崇拜,仙源就是这样形成的。三星堆和金沙出土了很多很奇异的东西,那是优秀的物质遗产。我们现在需要着力研究的是这些神奇的物质文化遗产背后,蜀人的精神遗产是什么?他们的非物质文化遗产又是什么?我认为作为物质文化遗产,就是三星堆的所有的这些器物。作为非物质文化遗产,指的是蜀人的神仙观念,巴蜀确实是神仙的故乡。仙化思维历程最后一步形成秦汉以后历代的神仙崇拜。有趣的是,三星堆里还有女神和男神的区别。例如二号祭祀坑出土的铜喇叭形座顶尊跪坐人像(图十四),就是一个女神的形象。下边喇叭形座,应该是一个像昆仑似的山丘,女神顶着尊。为什么说是女神,因为它特别突出胸部的两个乳房。再看青铜大立人像,这是男神了。这个青铜立人像,下边的神座仍然是飞翔的异兽的形象。它的衣服的花纹,里边也还有很多飞鸟的形状。可以说,充满着羽化飞仙的想象。这样一个羽化成仙的传说,在秦汉以后就特别的多,全国都有了。成都凤凰山还有汉代张伯子跨着彩色老虎成仙的传说,有升仙山、升仙水、升仙桥的传说等。再看成都扬子山,后蜀时的一个墓葬顶上有一幅壁画,这幅壁画刚好画了一个长着翅膀的女人成仙的形象。这是后蜀王族的一个墓,显然是希望他们去世的亲人成为神仙。所以神仙说从 3000 年前一直到前后蜀,一直到近现代都有证据。

图十三   图十四

从上面分析蜀人的精神世界里如何产生人鸟观念的过程,我们可以确知,从人鸟到羽人到羽化成仙,这整个过程长达 3000 多年。后来东汉时候产生道教，不是偶然的，古蜀仙道是它的基础。

其次，我讲一讲历史文献上的五代蜀王与古蜀仙道的关系。根据《蜀王本纪》《华阳国志》等文献记载，蜀王仙化的传说很早。第一代蜀王蚕丛、第二代柏灌和第三代鱼凫，这三代"治国久长，后皆仙去"，"此三代各数百岁，皆神华不死，其民亦颇随王化去"。不仅三代蜀王本人成了神仙，他们管辖的民众也跟随着成了仙化之民。用考古学观点看，这三代相当于新石器时代中晚期。蚕丛，字面上讲就是野蚕丛集，是以食蚕为特征的部族采集经济时代。柏灌，可能是夏部族斟灌、斟戈留下的一支，它与鱼凫是以鱼老鸹捕鱼为特征的部族渔猎经济时代。这三代中，鱼凫时代可以与新石器时代晚期成都平原宝墩文化相当，开始出现了古城文明。《华阳国志》明确地说鱼凫王在湔山畋猎"得仙道"。湔山是指今天成都的温江。由此可见古蜀王"得仙道"传说诞生很早，早到新石器时代中晚期，也叫古蜀的"原始时期（Protohistory）"。接着，第四代蜀王杜宇，又称"望帝"，是教蜀民和巴人农耕的始祖，有点类似神农氏在中原文化中发明农耕的始祖地位，也类似于发明农耕的后稷在周族中的地位。这是古蜀农耕定居时代的开端。有关他的仙化传说，是说他从天上坠落下来，后来国亡后归隐西山，魂化为杜鹃。"望帝春心托杜鹃"，农历二三月，为唤醒农人春耕，声声哀叫得嘴壳都成血色了，叫做啼血杜鹃。杜宇魂化为杜鹃，成了神仙，受到蜀人千百年来的跪拜，成为巴蜀祭鹃的习俗。杜甫诗里专门讲蜀人见杜鹃即跪拜，"重是古帝魂"的民俗，直到唐宋时，这个民俗才逐步消失。我们现在又在郫县杜鹃城恢复了这个祭拜民俗。"魂化杜鹃"把蜀王羽化飞仙的梦幻加以形象化了，是后来道教以羽人飞仙为神仙理念核心的滥觞。第五代蜀王开明氏，共有十二世，其第一世叫做"丛帝"。据《山海经》记载，他上天成为守昆仑之虚的开明兽，这也是蜀王仙化故事。古昆仑就是古岷山，岷山成为道教昆仑真官仙灵的中心，就是这么来的。古蜀五祖的仙化故事是古蜀人仙化想象力的真实记载，是古蜀仙道流传的真实记录。古蜀跟着鱼凫成仙的"化民"，就是第一代具有仙化想象力的蜀人。

以上五代蜀王得仙道的历史文献记载，刚好同前述三星堆考古如仙如幻形象的一系列文物相对应，证明 3000 年前岷山区域与岷江流域，确实是蜀人最早羽化成仙的文化想象力的起源处。

再次，就要讲"仙"的本质。仙字怎么来的？"仙"字古写为"僊"，与迁徙的繁体"遷"字是一个字。所以，《释名》一书解释："仙"就是"僊"，"遷入山也，故其制字人傍作山。"《说文解字》径直把"人在山上貌"叫做"仙"。由此看来，神仙并不神秘。古蜀人在迁徙寻找定居点的过程中，迁来迁去，为避免周围低地水患，总往高处走，往山上走，引起羽化飞仙的浪漫想象就成了仙。古蜀水患很多，蜀人经常迁来迁去，这种迁徙活动就叫做"遷"，迁来迁去的人该叫什么？无以名之，就加个人傍，叫做"僊"。聪明的人往山上高处去了，躲避了水患，表示人在山上成仙，故制作了"仙"字。蚕丛及鱼凫就是这种聪明人。更聪明的人更能发挥想象，幻想变成飞鸟，飞上天堂或者太阳身边而成为"仙"。望帝杜宇和丛帝开明就是这种更聪明的人。蜀人的仙化思维模式就是这么一步一步生长出来的。后来东汉道教的出现，就是这个古蜀仙道奠定的基础。《太上老君开天经》说"万物之中，人最为贵"，"上取天精，下取地精，中间和合，以成一神，名曰人也"。"天地之间人为贵，人曰仙也"，这些话说明神仙一词，只不过是对人的一种最高的称呼，是对"凌霄步虚，飞仙上天"意象最丰富的人的一种特别称号。道教文化就是产生在这个仙道基础上，由富于奇幻的文化想象力同富于隽永的文化谐趣力相结合而成的文化，它的最高结晶是仙学。西蜀对仙学作出了特殊的贡献，是古昆仑仙宗的中心，与山东齐地那边的古蓬莱仙宗，是道教仙学并列的两大中心。以人为仙的幻想和意象，是"仙"的最原始的含义，是道教文化的最高境界。它开启了"西蜀自古出文宗"的浪漫主义传统，想象力和联想性丰富，形成了四川人常说的飞步太清，凌霄步虚，仰望星空，逍遥似神仙的生活方式。从天府人居环境意象来观察，巴蜀就叫做"仙源故乡"。这个概念已成为成都天府广场巴蜀文化十二大体系青铜柱上的一支文化，这些青铜柱是我参与策划的，希望大家去我们四川旅游看一看。

讲到这里，总起来说一句：古蜀文化的内涵是重神仙、重神器的文化，与中原文化重礼制、重礼器的特征不同。中原文化重礼，楚文化重巫，巴文化重鬼，蜀文化重仙，这是不同地域的文化想象力与不同地域人思维方式的体现。巴蜀是 3000 年前古蜀仙道的起源地，是近 2000 年前道教的创始地。巴蜀是仙源故乡。三星堆人和金沙人的仙化想象力是蜀人精神家园最早的来源和核心，承传至今已经 3000 多年。

第二是道源在蜀。

东汉末年张陵在四川创立天师正一道，也叫"正一盟威之道"，这是道教创立的开始。张天师学道和创教的成都大邑鹤鸣山与布道和上建立"二十四治（教区）"的成都青城山，正是道教发源地。道教经典形成，在西蜀有深厚的基础。西汉易学家严君平著《道德旨归》，开《老子》神学化之端，出现了"道教"这个名词。他的学生扬雄继承他著《太玄》。张天师的《老子想尔注》就是在这个基础上传其学，继其绪的。所谓"想尔注"，就是想当然尔的解读，张陵把《老子》系统地由人学变成了神学、仙学。道教经典一般分为仙学、神学、道学三个部分。仙学是统率神学和道学的。其中仙学就是在西蜀这么奠基起来的。李白的诗"蜀国多仙山，峨眉邈难匹"，李白在诗中感叹不已，"仙国"正是古蜀的特点。"九天开出一成都，万户千门入画图"。九天、仙山这些都是道家的术语，在李白看来，唐代的成都就是在凌霄步虚的九天之上开辟出来的万户千门如画图的神仙洞府。杜甫讲"天路看殊俗"，天路也是道教的术语，引自道教《三洞经》："行自翱翔入天路。"这些诗句说明西蜀向来有神仙般道教的氛围，这也难怪李白要"隐居于岷山之阳"，巢居以学仙了。

第三是天数在蜀。

天数指的就是天文学，春秋时期的天文学家苌弘进入四川，传说他的魂魄三年藏于蜀，化为碧血。在西汉武帝的时候，阆中人落下闳创立《太初历》。这个《太初历》就是阴阳合历，一直到现在的农历都在使用。到唐代，天文学家李淳风和袁天罡最终都落脚在阆中这样一个风水之城。

巴蜀自古以来就有历法、卜算、阴阳这些世传的区域土著学问，早于中原学术传来巴蜀以前。

第四是易学在蜀。

"易学在蜀"是宋代理学家程颐说的话。程颐、程颢两兄弟的学说很受巴蜀的影响。这两兄弟年轻时随其父、广汉太守程珦游成都，在成都大慈寺外草市上看到一个卖箍篾桶的老翁，手里拿着本《易经》，正在研读。两兄弟很奇怪，正准备上前诘问，不料，箍篾老翁先发问："你常学《易》吗？为什么《易经》最后一卦是'未济'？"二程答不上来，老翁回答说："三阳皆失位也。"这句话使二程恍然醒悟，懂得了"未济"卦象"三阳皆失位"，说的是该卦"天地不交，水火未济"，每爻都不正位，但都有接应的大道理。后来，程颢晚年注《易》，专门记载了"三阳失位"这一说，还申明其主旨来自"成都隐者"。后来，蜀人袁滋到洛阳，专门向程颐求教易学，程颐劝告他："易学在蜀耳，何不到蜀中往求？"袁滋就回四川访问，在富顺县遇到卖香薛翁，也有说是卖酱薛翁，不管是卖香还是卖酱，袁滋都向他执弟子礼求教，大有所得。还有记载，说四川的"夷族"（少数民族）矍氏也深通《易经》。可见宋代那个时候，四川的易学是很兴盛的，连二程都自谦不如蜀人，也可见蜀中易学的水平了。顺便说一句，北宋儒、释、道三教融合为一，是当时学术发展趋势。程颐来到四川，读了很多书，把儒、释、道融为理学，总其大成，四川是其学术奠基之处。

"易学在蜀"作何解？不是说易学起源于蜀，也不是说易学在蜀独盛，而是说易学在蜀有独到的巴蜀特色，有自己的"蜀才易"和"太玄学"，这是巴蜀独有的东西。"太玄学"是扬雄与其老师严君平创立的，讲天、地、人三玄和合，把《道德经》"道生一"的一元论和《易经》太极生两仪，两仪生四象，四象生八卦的阴阳二元论发展了，成为"天地人"三才、三玄的三元论，发展了孔子的和谐思想，这就是巴蜀的特点了，蜀中一直世传其学。"蜀才易"是晋代隐居于青城山的范长生创立的，以"蜀才"命名的《易》的一种版本，独具特色。

第五是儒学源蜀。

"儒学源蜀"这个问题，大家可能会觉得奇怪，为什么会这样说？其实，这是谢无量先生的观点。建国后，他曾任中央文史馆副馆长，是四川的大学者。他认为"儒之学，蜀人所创，其最古经典，蜀人所传"。儒学最早的源头，也就是原始儒学，是大禹所创立的，禹是儒学之祖。大禹是蜀人，所以儒学来源于蜀。当然儒家学派是孔子创立的，山东肯定是我们儒家的圣地。但是它最早的渊源，却跟巴蜀有很大关系。"儒"字在甲骨文里是沐浴斋戒，戴着大冠，穿着大袍的形象。在夏商时代，儒就是掌握斋戒祭祀礼仪的特殊阶层，是那个时代掌握文字、最有文化的特殊知识分子，他们的礼仪行为，言、貌、视、听都有一套特殊的规矩，讲仁讲礼，这就是儒者的形象，大禹在治水过程中创立了这套儒行，他是最早最大的儒者的代表。

再从儒学思想渊源来考察，儒家源头的"五行"观念最早也是源于大禹治水。大禹兴于西羌，是蜀人。他治水是先从岷江开始的。"岷山导江，东别为沱"，就是利用东南地势低的特点，因势利导，向东南分水分洪为"沱"的方法。"沱"用四川话念叫"洄水沱"，指天然蓄水的大小湖泊。从这些"沱"里，分洪出来，就叫做"沱江"。从古蜀开明王鳖灵治水，凿金堂峡，到李冰凿离堆，建都江堰，都是用的大禹这套开沱分洪泄洪的方法，故古沱江有好多条，至今四川河流，除有名的沱江外，还有好几条称为"沱"，郫县至今还有条"沱"江河，它成为成都平原上特殊的扇形水系景观。这一景观是大禹以水为首的五行观念的产物。

大禹的办法是顺水之性，加以疏导，要利用水的自然天性，不要违背水的本质和规律，故大禹提倡的"五行"是以"水"为首，顺序是"水火木金土"，主张"天一生水"，这是儒家最早的观念。大禹作《洪范九畴》，按经学家郑康成的注解，"洪范"就是"天地大法"，"九畴"就是"九类"，"九类"的第一类就是"五行"。从这里可以看出，大禹把从治水中得出的具体经验，上升为宇宙观、世界观了。把重水利、重农事、重疏导、重天时地利的农耕生产经验，上升为对天地阴阳宇宙的根本看法，这就是"五行"。"五行"理念是以水为首，重在疏导水利，涵养万物，上善若水。用今天的话来说，水是涵养文明之母，文明是伴水疏导而生，这就是儒学"五行"最初的面貌，体现在据说是大禹所制作的《洛书》里，至今还有65个字保留在《尚书·洪范》里。所以，大禹是儒学"五行"观念的先驱，大禹是儒学之祖，儒学最早的思想渊源就是从对以水为首的水、火、木、金、土五种物质世界元素的看法开始的。秦汉以后，因社会性质变化，"五行"顺序变为以"金"为首，讲金、木、水、火、土，"金"之为言禁也，治水疏导变为防堵禁止，观念变了，反而失水之性了。这样看起来，蜀之学是先于中原的有本土特色的原始儒学，谢无量先生这个看法有相当的道理。结合"天数在蜀"、"易学在蜀"等特征看，蜀人为儒学作出了开源性的贡献。

第六是文宗在蜀。

"巴蜀自古出文宗"、"诗人自古例到蜀"、"自古蜀中多才女"，这是巴蜀文学发展的三大规律。"文宗自古出西蜀"，这是郭沫若在《蜀道奇》里讲的诗句，我们把它顺序倒一下：巴蜀自古出文宗，更合理一些。"诗人自古例到蜀"是民国初年，四川大文人赵熙总结的规律。这些看法也是历代蜀人的看法。元代张翥有诗："天地有大文，吾蜀擅宗匠。"我们四川素有出"文坛宗匠"的传统。这个传统由文翁倡其教，赋圣司马相如开其端，"乡党慕循其迹"。相如、王褒、严君平、扬雄是"文章冠天下"的汉代当时的四大家，这四家都是蜀人。司马相如是文韬武略的通儒，他不只是一个文人，而且奉命开发西南夷，也是个武将。他开启了巴蜀文宗重文学、重今文经学的传统，成为他之后的文人从扬雄到郭沫若师法的榜样。他是蜀人发散型思维方式特征的生动体现者，就是我刚才讲的仙化思维特征。它在文学上形成浪漫主义的倾向，富于文采和想象力，这对于后世富于激情、奇幻的文化心理有相当的启示作用。我们可以看到，从上面说到的古蜀仙道到巴蜀道教的流传，再到司马相如等文人，文心蜀韵浸润在巴蜀文人思维里，成为巴蜀文人的一种文化性格。这种性格特征，就是以仙游为标志的浪漫型发散型的思维定势。司马相如倡导的仙游文化是其开端。他仿屈原《远游》写的《大人赋》就是写神仙怎么羽化登仙，怎么凌霄步虚，仙游四方。汉武帝读了这篇赋，读得飘飘欲仙，"飘飘有凌云之气，似游天地之间意"。汉武帝读了司马相如的赋就想成为神仙，这就是仙化浪漫为特征的蜀文学的感染力。以仙化浪漫为特征的蜀文学就是由这篇赋开其端，远肇三星堆人的梦幻想象，形成巴蜀的"文心"。"文心"是什么？司马相如的赋论最独到之处是分成"赋家之心"与"赋家之迹"两方面。"赋家之心"，就指的"文心"，指的赋家的本性、眼界、境界、性灵、灵感、智慧，等等。司马相如认为赋家之心，"苞括宇宙，总揽人物，控引天地，错综古今"，今天看来这些话都还是非常开阔的世界眼光。这种"文心"是"斯乃得于内，不可得而传"，是捉摸不定的，可意会不可言传，就像佛祖拈花迦叶含笑一样，是靠你去领悟，靠你的内在心灵的开悟与精神的流动，这就是巴蜀人的"文心"，巴蜀人的文化性格。至于"赋家之迹"是指"合纂组以成文，列锦绣而为质"，以锦绣资质和功力为根底，以文章巧妙结构为章法的写作方法。"赋家之心"的创作思想同"赋家之迹"的写作方法相结合，就构成司马相如浪漫主义文学的根基，开启了巴蜀文学好梦幻迷离、好想象的浪漫主义的先河。从司马相如到李白、苏轼，到郭沫若，直到今天四川的朦胧派诗群，始终传承着流淌着，形成神奇梦幻的巴蜀文学的历史长河。在这条历史长河中，巴蜀文坛宗匠灿如星辰。司马相如，刚才讲述了。下面一个是西汉末的扬雄。他被汉代当时人誉为"西道孔子"，他的朋友桓谭认为他也是"东道孔子"，是汉代全国的"孔子"，具有汉代儒圣的地位。唐代文学革新先驱、"一代文宗"陈子昂，诗仙李白，诗圣杜甫，宋代"文章独步天下"、"苏学行于南北"的苏轼，"文来风流，照耀一时"、有"小李白"之称的陆游，明代记诵之博为第一人的杨升庵，清代百科函海大家李调元，性灵派诗人、与袁枚齐名的张问陶，现代被毛泽东誉为"文坛宗匠"的郭沫若，现代文学巨匠巴金，这些"天下第一秀才"多出生在蜀，或者虽不是蜀人，但却是受巴蜀文化的熏陶成就为文化巨人的，例如杜甫是来到巴蜀以后，才真正成为诗圣的。他们的共同特点在于：不仅是当时文坛宗主，而且多是百科全书型的学术大家，多才多艺、书画精绝的大才子。

第七是才女在蜀。

这个才女在蜀是谁讲的？是凌濛初讲的。他的《二刻拍案惊奇》中的"女秀才移花接木"这一回里边就历举巴蜀才女，赞叹蜀女自古多才。他讲卓文君是出生在邛崃。最奇特的是他认为王昭君是蜀女，称为成都姑娘。我们知道王昭君是出生在秭归香溪的，为什么称为"成都姑娘"？这是一个谜了。武则天出生于利州，即今天的广元，因金轮而感孕。杨贵妃出生在崇州，女诗人薛涛自幼年起即在成都，是著名唐代女诗人。前蜀时期女扮男装考中举人的黄崇嘏，后来宋元戏曲里拿她作原型的题材甚多，明代徐渭根据这个事迹创作了《女状元》这样的杂剧。还有就是前蜀写《宫词》的花蕊夫人是今天都江堰市的人，杨升庵的夫人黄娥也是个知名的才女。

第八是菩萨在蜀，这是讲佛教了。

在唐代有这么个故事，就是讲有一群巴蜀的商人，到五台山去拜菩萨，走了很久很久找不着菩萨。在路上遇到一个和尚，这个和尚就告诉他们，你们不要舍近求远，"菩萨在蜀"，菩萨就在你们西蜀，你们何必跑到这么远的地方来找菩萨？菩萨就在你们梓州通泉县（今射洪县），那儿有个灵鹫寺，有个活菩萨。这些商人回到四川来，果然找到灵鹫寺，就去找这个菩萨。其实就是一个隐居的和尚。这个和尚不愿意见这批铜臭味太强的商人，就在岩上留下了自己的影子。这些商人见着这个岩上的影子就跪拜。这就是菩萨在蜀的故事。今天看来那岩上的和尚像，可能就是今天我们看到的摩崖石刻，至今这个寺还在。我主要是用这个故事来说明巴蜀禅学的独到的特点。

巴蜀是佛教南传和北传的交汇地。唐三藏法师玄奘曾在成都空慧寺（今大慈寺）求学五年，创法相（唯识）宗，是巴蜀的佛学环境造就了玄奘成为"佛门千里驹"的基础。华严宗五祖圭峰宗密，是唐代蜀中西充人。禅宗是六祖慧能创立的。但与六祖慧能同时拜五祖弘忍为师的智诜则在资中创净众——保唐禅系，"别开一宗"，为巴蜀禅系的建立奠下了根基。禅宗八祖马祖道一是四川什邡人，在什邡罗汉寺出家，得道于衡岳，传道于江西，回什邡传法，号为活佛。他在禅宗中的地位，相当于朱子在宋学中的地位。他专讲"心即是佛"四字，倡导"平常心是道"，建立僧团组织的丛林和从事生产的农禅制度，使禅宗成为人间佛教。慧能的禅宗，虽然战胜了北宗神秀，但是他这个南宗当时也流传不广，是靠他的第三代马祖道一推广的。这个马祖道一，认为只要保持平常心，在哪里修行都可以得道，这就大大解放了思想。不一定要到寺院里面，你才能够成佛。你在家也是修行，在朝也是修行。只要你心中有佛，就能成佛。禅宗是对佛教修行的简化，后来发展到密宗，发展到藏传佛教里的转经筒，转一遍就代替你念十万句阿弥陀佛，这当然就简便多了，因为原始佛教每天要念多少遍阿弥陀佛，太难念了。所以马祖道一就把禅宗人间化、生活化、社会化，思想解放了。禅宗的特点是教外别传，不立文字，明心见性，立地成佛。你只要有这样的思维方式，你就可以开悟，你就可以顿悟。禅学变为人间佛教、生活佛教，深入到老百姓心里去，是马祖道一"平常心是道"的主张带来的。禅宗成为佛教最大的教派，佛教中国化，六祖慧能作出了开拓性的贡献，八祖马祖道一则作出了奠基性的贡献。后来历代四川均有高僧如禅月贯休、圆悟克勤、大慧宗杲、楚山绍琦、破山海明、丈雪通醉等禅师对巴蜀禅宗的发展，均代有贡献，使四川成为中国禅学的一个中心，向来有"言蜀者不可不言禅，言禅者犹不可不言蜀"的说法。巴蜀建立有自己特色的禅系，为中国化禅学的发展作出了奠基性的贡献，是禅游的理想胜地。

神妙的心灵世界。归纳起来，有三大特征：第一个特征是蜀人的"仙化世界"——浪漫奇特、不循故辙的思维传统。从三星堆古蜀人的诡异到西晋成汉墓同样怪异的陶俑，从相如的仙游到李白的仙诗，从苏轼的豪放与梦幻到郭沫若的泛神与浪漫，都展示出这样的思维传统。第二个特征是蜀人的"领异标新"——好作翻案文章的逆向思维传统。扬雄、苏轼、杨升庵都好做翻案文章。郭沫若写了不少翻案文章，为殷纣王翻案，为曹操翻案，为武则天翻案，很多了。第三个特征是"后来治蜀要深思"，就是重今文经学、重文学，关心国家治策，关心现实，关心政治的求实思维传统。以上三方面构成蜀人神妙的心灵世界，也造就了好多位百科全书式的文化巨人。

结语：沿着流光溢彩的巴蜀历史长河前行

把以上讲的总结起来，神奇的自然世界，神秘的文化世界，神妙的心灵世界，这就是我们的巴蜀文化。

如果把巴蜀文化比作一个巨人，那么，它生生不息的传统就是他的血脉，它神秘奇绝的面貌就是他的特征。如果我们再作深层次的理论观察，这根血脉指的就是巴蜀文化几个发展阶段中历时最长的农耕文明。它包括"物产富力，实已为中国之冠"的"天府"生产方式和"俗不愁苦，人多工巧"，逍遥似神仙的闲适生活方式两方面。因为巴蜀农耕时代很长很长，这种生产生活方式就成为巴蜀文化血脉的基本性质和基本面貌。直到近现代进入工业社会后，农耕文明的性质和特征还对巴蜀城乡建设与生态文态建设，巴蜀人的心理状态、思维方式、社会习俗和人情世态起着极大的作用。这条血脉流贯巴蜀这个文化巨人的全身，从巴蜀文化的童年时代一直生长到当今现在，经过长达 4500 年以上历史文脉的量和质两方面不断的积淀和延伸，为我们留下巴蜀自然、文化与心灵世界三方面不可多得的历史遗产，显现出神奇、神秘、神妙的面貌。这些性质和特征，对于今天构建巴蜀特色文化和今日四川人的精神，对于巴蜀现代化进程，正在起着越来越大的作用。我们正传承和弘扬着我们巴蜀这样一种有着独到特征的闪着历史光辉的文化传统。今天构建特色的巴蜀文化，沿着流光溢彩的历史文化长河前行，面前还有很多路需要我们继续走下去，把巴蜀文化的光辉继续发扬光大下去。

演讲时间：2010 年 7 月 4 日

韩养民

传统节日与长安结缘

主讲人简介：

韩养民，西北大学教授，民俗文化专家。曾出版专著《秦汉文化史》《中国风俗文化学》《中秋旧事》《汉陵与风水》，合著《中国民俗史》（隋唐卷）等学术著作十余种；译著《文化人类学》；小说《关中古代战争演义》《风流皇帝》；主编《中国风俗丛书》（30 本，约 300 万字），《原生态中国节》（6 本，约 90 万字），《陕西旅游文化丛书》（100 本，约 1200 万字）等。此外在中国大陆、港台地区及日本发表论文、散文、杂文、随笔约 200 余篇。

长安，不仅是周、秦、汉、唐时代的政治、经济、文化的中心，也是中国传统节日（春节、清明节、端午节、七夕节、中秋节、重阳节）萌芽、定型并向海内外传播的圣地。

一、长安，中国传统节日的破晓地

节日文化是一定时代人们精神风貌、审美情趣、价值观念的反映，是人类生活的"活化石"，也是牵动人心最多、闪现民族智慧、传承民族精神的载体，是社会黏合剂。然而当我们探幽溯源，考其源流时，发现迄今为止，前人没有为我们留下令人满意的文字记录，仅在一些史书中有只言片语。绝大部分节俗起源的证据都已陈埋在不可复现的年代之中，再也见不到先民的生活场景，听不到他们唱的歌，看不见他们跳的舞。许多史家常常苦于史料贫乏，回顾茫茫、徘徊、叹息，望而却步，问津者少。"此情可成待追忆，只是当时已惘然"。节日的起源依然隐藏在浓浓的历史迷雾中，拨不开，梳不清，理还乱。

近年，随着国家对文化遗产的重视，考古学家的新发现、民俗学家的社会调查，日见增多，为我们探索节日起源开拓了新视野，帮助我们去约略推想先民的社会生活依稀面目，拨开以往被历史迷雾笼罩着的原生态的身影和容颜。从 20 世纪 80 年代中期起，学者们跳出前人藩篱，从多个角度对节日文化作了较为系统的梳理，这不仅体现在以传统的研究方法把节日文化从正史、野史到文人笔记小说的历史堆积中梳理了出来，出现一系列超越前人的成果，而且还表现在引入现代研究方法，对节日文化之源及其发展过程作了较为有益的探索。因此可以说，当代节日文化的研究，结束了单纯材料累积迈入理想思维阶段。

值得庆贺的是，在党的十七大前夕，李颖科同志主编的《节日长安丛书》（西北大学出版社 2007 年 10 月出版）问世。这套丛书作者在尊重历史、保证科学性的前提下，用生动的语言把色彩缤纷的节日生活花絮置于长安历史长河之中加以描述。展卷细读，犹如在千年古都的节日长河里行舟，获取知识，陶冶情操，愉悦心智。

《节日长安丛书》，可贵之处在于对传统节日发祥地进行了有益的探索，它首创性地提出了传统节日源于长安之说。颖科同志在《丛书》序言中说道："中国节日习俗无一不源于长安。长安不仅是周、秦、汉、唐千年古都，同时也是这一时期中国传统节日文化的破晓地和非物质文化遗产的中心。"节日文化是社会群体或地域间人们相沿成俗的行为方式和生活方式，从古代文化中走来，是人类社会发展到一定阶段的产物，它的产生不是天马行空，独来独往，而是与一定区域的社会文明，如天文、历法、数学、原始宗教的发展密不可分。在"山中无甲子，寒暑不知年"的时代，不可能形成节日，这是人所共知之事。夏、商时代，文化之谜重重。及至周人建都镐京，周公制礼，把原始崇拜、祭祀鬼神之俗披上"礼"的合法外衣。"礼"是约束人们生活方式和行为的准则。汉人许慎说："礼，履也，所以事神致福也。"也就是说礼是原始宗教信仰。金文"礼"字，左边是神，右边是行礼之器。显然，礼有浓厚的宗教性特征。节日文化与周文化结缘，尊祖敬祖、行春仪、祭春社、岁终祭百神（腊月）等节日习俗终于在周人的宗教信仰中孕育、萌芽。今日学者探讨古代节日起源时，如尊祖祭祖等大量的材料都要从《周礼》《礼记》中撷取。古代节日植根于深厚的周文化土壤里。镐京自然成为传统节日的破晓地。

节日文化的长河流入汉代，闪现出一道与西周时代大不相同的文化事象。首先是《太初历》的出现，汉武帝采纳太史令司马迁等人建议改订历法，司马迁、唐都、落下闳、邓平等人受命制订新历，以正月（建寅孟春之月）为岁首，改元封七年为太初元年（前 104），首次把二十四节气订入历法。《太初历》是我国历史上第一部比较完整的历法，也是我国历法史上一次重大改革，也为研究节庆文化提供了一个参照系、时间坐标。于是春节以正月为岁首，春节里有了驱傩、祭祖、祭神，削桃木梗，制神荼、郁垒两形象于门上（门神雏形）、官吏行朝贺礼、庶民用火烤竹使其暴烈发声、驱山鬼、迎新年等一系列喜庆活动；正月十五日隆重祭太乙神（亦称"泰一神"、"泰一"、"太一"或"太乙"）而形成张灯结彩之俗；上巳节祓禊；清明节扫墓；七夕节乞巧；中秋拜月……一个又一个节日习俗兴于长安且为社会群体认同。如果说西周时代是节日习俗的萌芽期，那么，汉代承先启后，为节日文化的发展奠定了基础。

当历史进入唐代，政治稳定，经济发达，"稻米流脂粟米白，公私仓廪俱丰实"。经济的发达为文化的繁荣创造了极好的条件。盛唐之音，中唐之韵，汇成了一首诸调并见丰富和谐的交响曲。当此之时，备受社会关注的节日风俗亦进入划时代的转变时期，节日从昔日的禁忌、驱傩、祓禊、禳除神秘气氛中脱离出来，转变为娱乐型、礼仪型，成为真正的"佳节良辰"，且向奢侈享乐方向发展。

在元旦，爆竹不再是驱鬼的手段，噼噼啪啪的响声已象征着欢乐与热烈。"驱傩"转化成街头演出的小戏，庄严神秘的仪式变成了人们喜闻乐见的娱乐活动。元宵节祭神的灯火变成了人们游观的花灯，上巳节祓禊为踏青所替代。中秋节由拜月变成了赏月，又增添了食月饼习俗。重阳节已成了赏菊盛会，每逢佳节"游乐城观"、"仕女如云"的记载在唐代人的诗赋中比比皆是。

节日变得欢乐愉快，风俗生活内容也变得丰富多彩。大量的体育娱乐活动出现在唐人的节日里。荡秋千、放风筝、蹴鞠、打马球、拔河、射箭、走马、游猎、斗百草……形式多样。不同季节、不同节日的活动内容也各异。尽管早在魏晋南北朝时，许多节日风俗已向娱乐型转变，一些体育娱乐活动也在节日出现，但远不及唐代变得这样彻底，这样普遍，尤其是节日观念上的转变。唐代有关节日的神话故事，也不再是那么狰狞可怖，而变得生动滑稽，浪漫而又富有诗情画意。唐玄宗偕道士游广寒宫，月宫桂下，闲姝成群，歌舞迷人。魏晋时织女还被视为好吃懒做而被惩罚之人，唐代以后，她已成了真善美的化身。至于凶神恶煞的捉鬼门神，先由钟馗道士取代，后又转让给秦叔宝、尉迟敬德二位将军。繁荣的社会经济带来了轻松愉快的节日风俗，反映出唐代人民丰富的生活情趣。

节日文化源于长安，萌芽于西周，定型于汉，盛行于唐（中秋节定型于唐，盛于宋）。优秀的节日文化是没有国界的，唐长安的节日文化不再为长安人所有，也不是长安人的专利，而是随着汉文化的远播，超越地域、民族、国界，东传韩国、日本，南播东南亚。在世界文化交流史上，长安节日文化有闪光的一页。

今日读长安节庆文化，如同跨入中国传统文化的巍峨殿堂，触目所见，奇光异彩，愈读愈感到意蕴无穷。它如同一道精神大餐，滋养、愉悦了一代又一代国人，和走出国门的华人、华侨，也有高鼻深目的老外。

长安节日，节日长安，给我们民族节日挂满了色彩缤纷的花环。

二、昆明湖畔看牛女——七夕节

人世间最关切的是情，是爱，爱情是千古不衰的话题。而在光怪陆离的节日文化中，反映男耕女织、以思念与祈福为载体、凸现爱情主线的节日唯有七夕节。它诞生于西汉，已被传承了两千多年，真是一首不老的歌，尽管在极"左"路线的严丝密缝里一度寂寞；又在西方"情人节"冲击波下受人冷落，但没有被遗忘，在民间默默地传承着。时逢盛世，国家重视，民间关注，七夕节一定会焕发生机。

七夕节为姑娘、少妇所青睐，她们是节日的主力军，因此称其为"少女节"或"女儿节"。

人生因梦想而伟大，生活因节俗而精彩。每逢七夕节，在民间有各式各样的乞巧活动，人们放飞梦想，祈福未来，于是大家又称其为"乞巧节"。正如唐代诗人林杰《乞巧》诗所吟：

家家乞巧望秋月，穿尽红丝几万条。

七夕节究竟起源于何时？学术界依然是不解之谜。笔者在习作《秦汉文化史》（陕西人民教育出版社 1986 年出版）、《中国古代节日风俗》（与郭兴文先生合著，陕西人民出版社 1987 年出版）中提出西汉说，引起学术界的关注。时过 20 余年，我们对自己的观点尚未动摇。历史学、民俗学是一门求真务实的学问，我们应尊重历史，每一论点字字有根据，句句有来历，言必有本，无征不信，为一地之利弄虚作假或浮夸是行业的大忌。

众所周知，七夕节的形成，是由星变人的过程，又是随时代的发展不断完善、丰满的。它也是人和自然之间建立起来亲善和谐关系的特殊体现。"织女"作为星名，初见于我国现存最古的科学文献之一"夏小正"。在西周的民歌《诗经·小雅·大东》中，织女、牵牛颇具神话雏形，不仅仅是银河两岸的星，而且将天上的星辰与地上的耕织生活联系在一起。从战国至汉初，织女、牵牛日渐人格化。秦王扫六合一统天下，把都城咸阳从渭北扩展到渭南时，"引渭水贯都，以象天汉，横桥南渡，以法牵牛"（《三辅黄图》），织女、牵牛的天象给秦都增添了无限的神秘色彩。

当历史的长河流入汉武帝时代，西汉王朝的政治、经济、文化如日中天，进入全盛时期，汉文化把楚文化、齐文化、秦文化熔为一炉而形成浪漫多源的特色。当此之时，男耕女织的小农经济定型化，反映这一经济模式的牛郎、织女也演变成人，出现了爱情纠葛。《史记·天官书》载，"织女，天女孙也"。织女成了天上神女之孙。汉武帝元狩三年（前119），在长安西南修昆明池，训练水军，又于昆明池畔立牵牛、织女石雕像。这两个石像是用火成岩雕成的，今日保存在西安市长安区斗门镇，当地村民俗称为"石爷"、"石婆"，且为之建"石婆庙"。牵牛、织女雕像线条粗犷，刀法简洁，造型古拙，比现存于茂陵博物馆霍去病墓前石刻群雕还早三年，是我国迄今所知年代最早的大型石雕艺术品，为世人所惊叹。汉代无名氏的石雕用艺术语言向我们传达了这样一个信息——他们极力捕捉时俗，把牵牛、织女雕为一对情侣：你看牵牛头部硕大、短发、宽额、宽眉、双目有神，腰间束带，形象憨厚质朴，是一个不向命运低头的坚毅青年。而织女着右衽交襟长衣，发辫后垂，脸庞圆润，眉头微蹙，嘴角下撇，活现出被银河阻隔，梦想破碎，不得与牛郎团聚、两地相思的痛苦、悲愤之情。这两个石雕像是原汁原味的汉文化，是汉代人对牵牛、织女恋情流行看法的佐证。"不着一字，尽得风流"。它比东汉《古诗十九首》早了三百多年。

值得庆幸的是，汉武帝时代与七夕相关的文献屡见不鲜。众所周知，汉武帝是一代雄主，也是一位天真、好奇、好幻想的皇帝，喜欢神仙，喜欢美女。在他执政之时，汉代人给年轻的皇帝罩上一层层与七夕相关的神秘面纱：他是乙酉年（前156）七月七日生于漪兰殿（《汉武故事》）；七夕，汉武帝会王母娘娘（《汉武帝内传》）。想象力不发达"重实际而黜幻想"的北方，却出现这些浪漫主义的传说，令人称道。

如果说汉武帝这些行为属神话系列，那么定正朔、"鹊桥相会"则是七夕节的核心内容。古时改朝换代，新王朝表示"应天承运"，须重定正朔，易服色。正，为一年的开始；朔，一月的开始。元封七年（前104），汉武帝采纳太史令司马迁等人的建议，订历法，改元封七年为太初元年，颁行新历，采用夏历，以正月（建寅之月）为一年的开始，以后各代一直沿用，直到现在的农历。《太初历》是我国历史上第一部比较科学、完整的历法。《太初历》的颁行，使七夕节有了准确的时间定位。

喜鹊在天河上为织女搭桥，使"鹊桥相会"成为吉祥之兆。宋人陈元靓《岁时广记》卷二六引《淮南子》云"乌鹊填河成桥而渡织女"，尽管在今本《淮南子》中已没有这些文字，但宋人的著作中捕捉到这一文化信息，虽寥寥数语，却为后人研究七夕提供了可靠的证据，它比唐人韩鄂《岁华纪丽》卷三引《风俗通》关于鹊桥相会说提前了近三百年。

倘若此时我们打开"七夕"的尘封记忆，七夕乞巧、结五色线之俗，已在汉初长安宫中出现。《西京杂记》云：汉彩女常以七月七日穿七孔针于开襟楼，汉高祖宠姜戚夫人的侍女贾佩兰，每逢七月七日在宫中百子池旁跳于阗舞，又用五色线结"相连爱"。从汉武帝时代这些琐碎零散的文字记载看，织女"鹊桥相会"、"穿七孔针"、结"相连爱"，七夕节在汉长安已定型化，到了东汉时代，牛郎、织女的故事，也成了文士骚客吟唱的内容，出现在班固《西都赋》、张衡《西京赋》等煌煌大赋中，也出现在河南、山东、江苏、四川等地出土的画像石、画像砖中。

风俗是一位守旧又喜欢恶作剧的老人，它让牵牛、织女相恋，命运多舛，从汉代到南北朝，花开花落，王朝更替，政权更迭，历经五六百年难成眷属。哎！怎一个愁字了得。

历史把机会让给南朝梁人殷芸，他在《小说》（《月令广义·七月令》引）里记录了时人流俗：织女为天帝女，居天河之东，常年在机杼上纺织，织成了云霞天衣，终日劳累，无暇美容，天帝怜悯，把她嫁给河西的牛郎。婚后织女"遂废机杼"，天帝大怒，责令她返河东，夫妻一年一度相会。人们期待故事更新，把善良、美好的理念传达给后人，于是许多心地善良的民间艺人，对这对夫妻寄予深切的同情，经过一代又一代人的反复加工，日久天长，最后形成今日家喻户晓的牛郎织女故事。这个完美的结局是小农经济形态下农民渴望婚姻自由、追求生活幸福的真实写照。虽是晚开的花，却是人性的光辉，因而深受欢迎，风行一时，文人把它写成诗歌，说唱艺人把它编成话本，戏剧家把它搬上舞台，美术家把它绘成图画，电影界把它推向荧屏，千百年来盛行不衰，影响深远。

三、曲江池畔杏园边——中秋节

中秋节是仅次于春节的第二大传统节日，是展示民族习俗特色、传承价值理论的文化平台，如果说春节是亿万国人挥洒至爱情感的最佳载体，那么中秋节就是他们汇聚亲情、友情、乡情的理想港湾。

中秋节是不可多得的文化标本，遗憾的是学术界对其研究尚未深入，它如何兴起、如何演变，人们众说纷纭，迷离难辨，远不像中秋夜的月亮那般晶莹剔透。

倘若对中秋节探幽溯源，可从原始社会的月亮崇拜谈起。

远在原始社会，先民崇拜某些对人类最有影响的自然力，如日、月、星、山、河等。

那时在上古先民面前，世界是错综复杂而又严峻无情的，天气的冷暖、季节的变化、阳光的有无、方向的测定，这一切无不与天体变化有关，因此，天体是人类最先崇拜的对象，特别是太阳、月亮的崇拜。所以，一些哲人说，大自然创造了人类，就是要让他们认识自然界本身。而先民对日、月的崇拜，正是那个生产发展水平低下的童贞时代思想文化的结晶。尽管这种认识距离科学还十分遥远。

由于先民有自然崇拜，他们按照人类自身的形象构思出各式各样的"神"。在他们看来，现实生活中那些宏大的自然物，复杂的自然现象，都是为神灵所操纵。在中国神话系统里，太阳由御者羲和驾龙在奔驰，月亮有御者望舒驾车在飞跑，雷霆是天神在擂鼓……日食、月食就是龙或天狗吞噬日月。总之，先民对自然现象的起因、变化都充满好奇，并进行了臆测性的解释和拟人化的描述，作为天体的月亮被人格化，成了月神。

当历史进入殷周时代，昔日的日月崇拜，并没有烟消云散，人们从现实的功利角度出发，把有功于人类祖先，有功于自然的日月、星辰等变成神，并把原来人格形象化之神的崇拜习俗定型化、神圣化，且推广到社会生活的领域，用来规定名分，节制人的行为，规范人的关系。人们在崇拜月亮的同时出现了祭日、祭月的活动，年年祭祀，向他们表示敬意，祈求幸福，盼望得到恩施。这一活动在西周已制度化、礼仪化。

岁时节令与农业文明密不可分。时值八月，瓜熟蒂落，"万家相庆喜秋成，处处楼台歌板声"。在繁文缛节的西周时代，自然会出现顺应时节的礼仪。左丘明《国语·周语上》中有明确记载，周王"有朝日、夕月"之礼。"夕月"，就是秋祀，即秋分晚上在京城西门外祭月拜月。"夕月"

之礼开中秋节的先河。

由祭月、拜月逐步演化出赏月之风，咏月、赏月的诗赋盈篇累牍，多不胜举，然而那时的拜月、赏月活动并不限于某一日，所以也未能形成节日。中国现存最早的岁时专著《荆楚岁时记》尚无"中秋节"只言片语，无论是正史，还是魏晋南北朝时代文人的诗词，都证实那时虽有赏月之俗，但仅限于贵族或者文人群体中，拜月、祭月、赏月成为士庶共行的民风民俗，则有待盛唐以后。

中秋节是在漫长的岁月流光中形成的，它和定型于汉代的春节、清明节等传统节日相比，姗姗来迟，形成的时间很晚，比春节、清明节等节日迟了五六百年。当节日的长河流入到了唐太宗贞观年间，出现了"中秋节"一词，《渊鉴类函》卷二十引《唐太宗记》载：

> 八月十五日为中秋节，三公以下献镜及盛露囊。

可以看出，贞观年间（627—649）中秋节已有节日雏形，三公以下大臣近侍要向皇帝献礼，以示庆贺。

唐代中秋节拜月、赏月的故事，也充满传奇色彩。《开元天宝遗事》记载，唐玄宗和杨贵妃每年中秋节都要赏月，天上月光融融，太液池里波光粼粼；桂花飘香，金蝉鸣唱，真是良宵佳节，两情缱绻意浓。然而抬头望月之际，突生一阵不快，唐玄宗眼看明月西坠，意兴未尽，于是下令在太液池两岸另筑一百尺高台，准备作为来年杨贵妃赏月之用，并称"赏月台"。然而修成不久，适逢"安史之乱"，"赏月台"毁于战乱，仅余一台基遗址。

唐代，文人墨客中秋赏月已成风俗。诗人欧阳詹在《玩月诗·序》中就说冬天寒冷，不易于户外赏月；夏季，天空常有浮云，月亮的光辉被遮住；只有秋高气爽的中秋，才具备赏月的条件。在《全唐诗》咏中秋的篇什中，以王建的《十五夜望月寄杜郎中》较为著名：

> 中庭地白树栖鸦，冷露无声湿桂花。
>
> 今夜月明人尽望，不知秋思落谁家。

诗题中的"十五夜"，应为中秋节之夜。

《古今图书集成》引《洛中见闻》载，唐僖宗在中秋节吃月饼，味极美，他听说新科进士在曲江开宴，便命御膳房用红绫包着月饼赏赐给他们，这是中秋月饼初见的文字记录。

　　徜徉于唐代中秋节中，就会发现它像潺潺溪流那样向前平稳缓慢地流动，一直到达北宋，方有节日热闹的氛围。在东京生活了24年的孟元老于《东京梦华录》中回忆道：宋代中秋节所有酒店皆卖新酒，所有商店重新结彩，装饰门面；各种时令果品上市，民间争占酒楼玩月，亲朋好友相聚，设宴畅饮，"夜市骈阗，至于通晓"。

　　尽管如此，中秋节在北宋并不为官方重视。宋人庞元英《文昌录》载，北宋官方休假的节日有"立秋"、"七夕"、"秋分"、"重阳"，而没有中秋节。李昉奉宋太宗之诏而编写的《太平御览·时序部》中也没有中秋节的记录。民间最重要的节日是元旦、寒食、冬至，被称为宋代三大节。

　　降至南宋，由于商品经济的发展，中秋节成为非常热闹的节日，以京城临安最为突出。吴自牧《梦粱录》载：

　　　　八月十五日，中秋节……王孙公子，富家巨室，莫不登危楼，临轩玩月。或开广榭，玳筵罗列，琴瑟铿锵，酌酒高歌，以卜竟夕之欢。至如铺席之家，亦登小小月台，安排家宴，团围子女，以酬佳节。虽陋巷贫窭之家，解衣市酒，勉强迎欢，不肯虚度。此夜天街买卖，直至五鼓。玩月游人，婆娑于市，至晓不绝……

　　显然，中秋节传统到了南宋，节俗活动内容较之北宋愈加丰富，更具有娱乐性和群体性，不论贫富举国欢庆，自此后中秋节进入发展期。

　　千百年来，每逢中秋，皎月当空，阖家团聚品饼赏月，相互祝福，谈天说地，尽享天伦之乐，神州大地，沉浸在欢乐祥和的气氛中。祥和与祝福从每一个聚会、每一个角落传递八方，那一个个温馨、团聚的中秋之夜，那一个个充满思念与祝福之夜，像一幅美丽的画面展现在我们眼前，像一首不老的歌回响在我们耳边，像一条清幽的历史长河从每一中华儿女的心田淌过。

中秋节是中华民族节庆文化的瑰宝，她深深地积淀到炎黄子孙的心中，一些远离故土，下南洋、赴欧美、在海外落户安家的国人，成为我们的传统节庆文化的忠实传播使者，他们脚步走到哪里，传统节庆文化就传播到哪里，从东京到巴黎，从伦敦到纽约，凡是有华人、华侨的地方，传统节庆文化就在那里生根发芽。如今，随着中国的崛起，我们的传统节庆文化，泽被四邻，中亚、西亚，甚至欧洲，或飞越大洋而传至美洲、非洲。每逢中秋节，不仅海外华侨、华人欢度共庆，而且为海外各地瞩目，亚洲许多国家有近似中秋节的活动，朝鲜的"秋文节"、日本的"月圆节"、越南的"中秋节"、柬埔寨的"拜月节"、老挝的"月福节"、泰国的"祈月节"、印度的"明月节"、印尼的"大月节"、尼泊尔的"德塞尔"，尽管名称各异，形式多样，但祭月、赏月、吃月饼之类的风俗却大同小异。

人常说，文化是没有国界的。源于长安的中秋节，经过千余年的文化凝练，成为经典节日，且已走出国门，传播中华文明。它正以自己丰富的内涵、旺盛的生命力感染世界，使之成为展示民族亲和力和影响力的平台，成为海外认识中国文化和价值观念的文化载体。

四、飘忽人间神秘网——节日禁忌

在古代社会生活中，每个人都要受禁忌的约束。《礼记·曲礼》云：

入境而问禁，入国而问俗，入门而问讳。

显然，禁忌从远古走来且与社会生活休戚相关，密不可分。远在人类童年时代，先民在宇宙洪流之中，认识能力低下，恐惧不安，便以禁忌为伴。因此，禁忌是人类认识起步阶段的幼稚足迹，凝结着"人之初"的心理、愿望与幻想，是原汁原味的文化老汤。

当我俯伏在古文献堆中，爬梳禁忌资料时，惊奇地发现禁忌形式之多如夏夜星空的繁星，千姿百态，杂采纷呈，无奇不有。行业有禁忌，礼仪有禁忌，兵家有禁忌，宗教有禁忌，人名、物名有禁忌，即使潜心学术也不例外。节日禁忌多不胜举。春节，无论达官显贵，还是寻常百姓，亲友欢聚，说话、做事，甚至吃饭都要讲好话，说吉祥语，期盼新年生活幸福、和谐。即使与日夜惦念久别重逢的友人叙旧、话别、神聊，也人人忌讳说"死"字。《红楼梦》第二十回，宝玉、黛玉两人斗气，宝玉说：大正月里不要说"死"了"活"了的。春节不仅忌说"死"字，连"病"、"穷"、"鬼"、"背"、"破"、"败"之类不祥语也要时时处处注意回避。为防年幼无知的童蒙说错了犯忌的话，大人用红纸写上"童言无忌"的春条，贴在坑边或墙上，以求解除不祥。地域不同，语言禁忌不尽相同。安康有些地方元旦忌说"虎"，"说了虎，三年苦"。《水浒》中把"虎"叫做"大虫"，也是忌言"虎"的缘故。

春节有行为禁忌。相传初一诸神、祖先灵魂均回家过年，妇女动针线，会伤害祖先神灵，所以大年初一妇女忌针线，这个禁忌传承千余年，至迟在唐宋时代约定成俗。宋人陈元靓《岁时广记》卷五引宋人吕原明《岁时杂记》云："京人元旦忌针线之工。"令人惊叹不已的这些禁忌在中原地区流行，迄今还有"七不缝，八不扎"之谚。江南习俗，春节不可在床前向亲友拜年，倘若犯忌，意味着主人在新年里患病常年卧床不起。陕南旧俗，正月不理发，"正月不剃头，剃头死舅舅"；正月不买鞋，防"邪气"沾身；正月不买盐，怕新年"闲"着失业。关中旧俗，春节忌讳向地上泼水、扫地、倒垃圾，以免财源外流。也忌打破碗、碟，倘若幼童不慎将碗、碟掉在地上打碎，大人马上说"岁岁（碎碎）平安"，以求新年吉祥。乡村，在人人出游观灯的元宵之夜，却有"躲灯"的风俗，即新婚女子要在正月十三回娘家住三天，正月十六日方可回家，农谚："正月十五不躲灯，瞎了婆婆双眼睛。"

毋庸讳言，春节吃团圆饭、享天伦之乐时也有忌讳，长安、蓝田等地农村春节饺子煮烂了，既忌说"烂"，也不说"破"，只说"挣"了。饭后，不说吃"完"了，只说吃"好"了，或者说吃"饱"了，或者说"咥美"了。

论述禁忌，汉唐时代的寒食节禁火之俗应涂上几笔淡墨。禁火习俗兴于周，盛于唐。唐代诗人卢象《寒食》诗云：

> 子推言避世，山火遂焚身。
>
> 四海同寒食，千秋为一人。

寒食节源于晋人纪念介子推，介子推有功于晋文公，为晋人所尊。据宋人周密《癸辛杂识》载：晋人寒食节对禁火情有独钟，升平时禁火七日，丧乱之世，也要禁火三日。每逢寒食节，村社老者用鸡毛翎到各家灶火中去扫掠，如毛羽稍有焦卷，就要罚香纸钱。正如诗人李崇嗣《寒食》绝句吟道：

> 普天皆灭焰，匝地尽藏烟。
>
> 不知何处火，来促客心燃。

节日禁忌，五月端午尤为典型。五月时值盛夏，蛇、蝎、蜈蚣、壁虎、蟾蜍等五毒活跃，魑魅魍魉猖獗，病菌毒气起，肆虐伤人。所以古人认为五月是恶月、瘟月、毒月。据文献记载，至晚在战国时代，北方中原地区就把五月五日当做"恶月"、"恶日"，进行驱邪避恶。汉人应劭《风俗通义·佚文》记载："俗云五月五日到官，至免不迁。"此月此日不但万事不吉利，甚至在五月五日所生之子亦视为不祥之兆。正如书中所说："俗说五月五日生子，男害父，女害母。"

到了汉代，人们仍然坚信这一恶俗。汉成帝时，权势显赫的王凤也是五月五日生，其父提心吊胆地将他抚养成人。汉末，在相互倾轧的官场上，有一个政绩平平、说话谨慎、办事模棱两可、待人圆滑世故而官运亨通的不倒翁——胡广。他历经汉安帝、顺帝、冲帝、质帝、桓帝到灵帝等六朝，三登太尉。此人还有一段戏剧性的故事。据《世说新语》记载，因为他生于五月五日，父母忌于世俗传统观念，将他藏在葫芦中投之于河，幸而未能淹死，后来被人收养，乃托葫芦所生，姓胡名广。显然，从战国到两汉，人们一直认为五月五日是深恶痛绝的恶日。这一习俗直到魏晋南北朝时期也如此。如《宋书·王镇恶传》载，南朝宋大将王镇恶生于五月五日，家里人因忌讳想把他过继给别人，后来祖父王猛认为："昔日孟尝君恶日生而相齐，是儿亦将兴吾门矣！"所以才留了下来。因此起名"镇恶"。

因端午节与"恶日"有关，也有人认为端午源于"恶日"，从汉代起，端午节的重要活动是避恶。汉人在五月五日，用青、赤、黄、白、黑等五彩丝线合成细索，系于臂上，称为"长命缕"，或称"续命缕"、"五色缕"、"朱索"等。

令人伤感的七夕节，不仅有牛郎织女相恋几百年难成眷属的悲剧，也有生儿育女的禁忌。《红楼梦》四十二回，描写了王熙凤对刘姥姥说巧姐儿的生日道："正是养的日子不好呢，可巧是七月初七。"那时七夕节、中元节忌讳生孩子。中元节亦称"鬼节"，民间传说七月初一到十五常有鬼转世，投胎人间。所以七夕节、中元节忌生孩子，一旦犯忌，所生儿女不吉祥。

禁忌是印满历史辙印的文化符号，是一条自远古流来并向未来流去的长河。即便是你有敢为天下先的勇气，有气吞山河的风范，有鸟瞰世界的视野，都必将在无形的禁忌长河中生活。时至今日，当我们用 21 世纪的脚步去匆匆触摸禁忌，依然感到它是神秘之网，怪异不经。尽管人造地球卫星早已遨游太空，宇宙飞船登上了月球，但禁忌没有沉寂，它是迟迟不肯消退的幻影，仍在偏僻农村里传播，在繁华都市里游荡，在各民族间飘忽。

值得关注的民间禁忌特别是五月五日、七月七日忌生之类的迷信禁忌，在其流行的时代，就被有识之士提出异议和质疑、批判。新中国成立后特别是改革开放后，崇尚科学，贯彻科学发展观，那些依附迷信的禁忌已被封埋在人们记忆的底层了，将人们从迷信禁忌的罗网中解放出来。

演讲时间：2010 年 7 月 10 日

焦 锋 王 芸 沈业民

神奇的中国木偶

主讲人简介：

　　焦锋，国家一级导演，中国戏剧家协会会员，文化部第八届"文华导演奖"获得者，文化部第十届文华奖评委。

　　王芸，扬州木偶传承人，国家一级演员、扬州市劳动模范、全国木偶皮影"金狮奖"大赛"演员表演奖"获得者。

　　沈业民，扬州市图书馆副馆长。

谈到历史文化名城扬州，它的位置在长江北岸古运河畔，有 2500 年的历史积淀下的丰富的文化底蕴。这里人文荟萃，商贾云集，风景秀丽，气候宜人，物产丰富，风物遍地，哺育了多少文化艺术瑰宝的生成与发展。有句古诗"天下三分明月夜，二分无赖是扬州"，这个千古名句将古人对扬州仰慕的心情应该说描绘到极致。

扬州独特的水上风情，滋润了扬州木偶艺术。扬州的杖头木偶艺术在千百年的传承和发展中脱颖而出，名扬海内外。扬州被人们誉为江苏木偶之乡。扬州的木偶艺术，传统底蕴很深厚，扬州的杖头木偶已经入选首批国家级非物质文化遗产项目。

由于中国木偶戏源远流长，在咱们国家形成了很多不同形式的木偶戏，如提线木偶、杖头木偶、布袋木偶，还有铁枝木偶，水上木偶戏等。水上木偶戏是在特别的水上舞台演出，这个在我们国家已经绝迹，但在越南比较盛行。在咱们江苏主要是三种表现形式，一种就是布袋木偶，一种叫做提线木偶，还有一种杖头木偶。布袋木偶是因为木偶的身体像一个口袋，演员的手在木偶里面操纵表演，所以叫布袋木偶；布袋木偶的特点是体积比较小，大概 40 公分左右，武打非常精彩，布袋木偶可以耍兵器，还可以一个人操纵两个木偶。还有一种提线木偶，"提线"，顾名思义，用线来操纵木偶，一个木偶最少是 7 根线，最多达到 20 多根甚至 30 根线，动作越复杂，线要越多。

木偶的起源

刚才给大家介绍了布袋木偶跟提线木偶的表演特色，实际上扬州主要以杖头木偶为主。俑是木偶起源的一个实物，古时候陪葬用，它是扬州杖头木偶的造型始祖，在历史长河当中经过慢慢地演变成了傀儡戏，古代木偶戏称傀儡戏。说到木偶的起源，咱们木偶戏究竟什么时候开始才有，我给大家讲一个故事。

西汉汉高祖刘邦，有一次被匈奴的部队包围在一个叫平城的地方，他内无粮草，外无救兵，情况非常危急。在这个时候他有一个谋士叫陈平，陈平献计给刘邦，因为陈平他知道敌方的情况。当时这个匈奴部队的统帅是阏氏夫人。阏氏夫人好嫉妒，匈奴大王身边不能有美女，有美女她就嫉妒，陈平就抓住阏氏夫人的这个弱点，在一个月色朦胧中，月明之夜造了很多木偶人，在城上载歌载舞，又配了很好听的音乐，美女在音乐声中载歌载舞。阏氏夫人知道这个情况以后就出来看，一看月色朦胧中，这个美女太漂亮了，美轮美奂，天姿国色。阏氏夫人看过以后，她说不行，城不能再围了，不能攻城，攻城进去以后，这些美女为大王所有，那我自己就失宠了，大王就不喜欢我了，于是就命令退兵，从而解了平城之围。所以据说汉高祖刘邦很感慨，说了这么一句话，说"小木偶有功于国也"。这个也是一个传说故事，但是据很多史料记载，木偶戏确实是起于汉，兴于唐，盛于宋。在唐朝时候就比较盛行，到宋朝就是一个木偶戏盛行的高峰了，它有这么一个演变过程。

扬州的杖头木偶戏源远流长，有很多历史记载。比方说唐人杜佑，他写了一本书叫《通典》，这个书中是这么写的："作偶人以戏，善歌舞，本丧家乐也，汉末始用之于嘉会。"汉朝的时候，在一些家庭聚会上就有木偶戏的踪影。由此可见，善歌舞的偶人出于汉代。刚才给大家讲了一个西汉刘邦的故事，据说在唐朝天宝年间，有一个人叫梁锽，他写了一首诗叫《傀儡吟》。他是这么讲的："刻木牵丝作老翁，鸡皮鹤发与真同。须臾弄罢寂无事，还似人生一梦中。"说明在唐朝的时候，傀儡戏已经有故事有情节，有相当的演出效果，有些东西接近咱们近代的木偶戏。扬州是中国木偶戏的发祥地，有个唐人叫韦绚，他写了一本书叫《刘宾客嘉话录》，书中是这样记载的：大司徒杜公在维扬做官，看盘铃傀儡。这里说的维扬就是今天的扬州，杜公就是杜佑。杜佑他当时在扬州做官，闲暇之余到街上看到很多木偶戏。宋代扬州的木偶戏已经成为戏剧领域一个古老而富有特色的剧种。有一本书叫做《宋史新编》，它是这么写的："理宗在位久，董宋臣、卢允升作芙蓉阁、香兰亭，宫中进倡优傀儡，以奉帝游宴。"表明当时木偶戏不仅在市井演出，在大街小巷演出，而且已经进入到宫廷。

我刚才讲了布袋木偶、提线木偶、杖头木偶还有水傀儡等，扬州八怪之一的郑板桥也写了一首叫《咏傀儡》的诗："笑尔胸中无一物，本来朽木制成身。衣冠也学诗文辈，面貌能惊市井人。得意哪知当局丑，旁观莫认戏场真。纵教四体能灵动，不藉提撕不屈伸。"最后一句话"不藉提撕不屈伸"讲的就是提线木偶，提线木偶的操纵手法就是一提一伸。另外一本很有名的书《扬州画舫录》是清人李斗写的，也这么记载："韩园在长堤上，闲时开设酒肆，常演窟儡子，高二尺，有臀无足。""有臀无足"就是杖头木偶的一种特色。可以看到杖头木偶没有双脚，说明当时的木偶戏已经有杖头木偶戏的前期特征了。清朝道光年间，徽班进京前齐聚扬州，新颖的徽剧、京剧艺术博得了一些富商巨贾乃至市民的青睐，迅速占领演出市场。这时候的木偶戏在市区就转向衰微，转向扬州所辖的县城街镇和农村去演出，杖头木偶戏当时聚集在三泰地区（指泰州、泰兴、泰县这些地方）。据调查，泰兴县在1949年的时候有43个乡镇，有100多个木偶戏班在农村演出。

木偶的造型艺术与装置艺术

第二部分我想讲讲杖头木偶造型艺术跟木偶的装置艺术。因为木偶戏它是两大艺术元素组成，一个造型一个表演，是两大支撑点。木偶的造型它不是一成不变的。以前木偶戏是没有自己剧目的，都是走的京剧和徽剧的路子。按照戏曲人物特色来进行造型。其演变过程大体上分三个阶段，第一个阶段由雕刻艺人进行木偶头雕刻；第二个，家庭作坊式制作工艺；第三个是专业化的木偶人物设计和制作。

第一个阶段一般都是因为过去扬州农村的木偶戏都是家庭班社，家里父亲或者爷爷是班主，他的儿子、媳妇、子女组成一个木偶戏班，所以他这个木偶头雕刻是个体的。一般老艺人都会进行木偶头雕刻，但是最初木偶头雕刻是死木头疙瘩，嘴巴、眼睛都不能动。第二个阶段就是家庭作坊式，那就是几家在一起可以进行研究，互相取长补短，进行木偶制作。当时搞了很多戏都是走的京剧和徽剧的路子，《追韩信》《秦香莲》《武家坡》等等。当时雕刻的木偶还是很有发展的，它雕刻的线路，雕刻的这种轮廓、线条都比较明快，有特点。第三个阶段就是专业化的设计跟集体创作。像我们剧团从 20 世纪六七十年代以后，就成立一个木偶造型艺术制作中心，工作人员进行分工流水作业，有搞造型的，有搞制作翻模的。一般的造型就是搞一个泥塑人头，然后用石膏翻模，把头形拿出来以后进行化妆，加上发饰服装以后就成型了。应该说 30 多年来，扬州木偶已经摆脱了民间小戏班这种传统的模式，走向了一个新的专业技能和造型艺术这么一条新的发展道路。那么在新排戏当中，导演要求一定要设计图纸，然后再进行造型，设计图纸之前要分析剧本，根据导演要求分析剧本，要分析人物性格来进行造型，应该说有一个质的飞跃。

比方说《嫦娥奔月》这个图像，它这个造型对传统方法已经进行了很大的改进，它的嘴巴可以张合，眼睛可以左右动，可以眨眼睛，手指可以兰花指、扔手绢等，这样比较复杂的动作都能做。嫦娥这个造型，脸形是鸭蛋形瓜子脸，樱桃小口，眉毛下有一双明亮的眼睛。这个木偶戏眼睛非常夸张，因为它体积比较小，眼睛再不大的话观众看不见，一千多人的剧场观众会看不见，所以眼睛很夸张，轮廓比较分明。另外那个男主角后羿也是非常好看，浓眉大眼，有一种阳刚之气，既有传统武生的特点，又有传统的偶味，木偶的味道。再一个戏就是《琼花仙子》中的琼花仙子，这个人物应该说是很成功的一个造型，她吸取了戏曲中花旦的人物风格，跟扬州木偶的传统工艺偶形特点结合在一起，又吸收了卡通夸张变形的手法，融合在一起。所以在五官造型上面更加有特点，眼睛稍大，炯炯有神，既有儿童天真活泼的童趣，又有勇敢坚强少女的气质，应该是一个比较和蔼可亲的人物形象。《琼花仙子》里面一个反面人物叫麻胡子，是一个妖道，他生就三角眼，尖嘴猴腮，勾头躬腰，那个脑袋可以前后伸缩，应该说体现了这种人物滑稽、风趣的这么一个特点。

咱们这个团在历史上有四个里程碑，一个是《嫦娥奔月》，第二个是《琼花仙子》，第三个是《三个和尚新传》，第四个就是《白雪公主》。每出戏的艺术风格都不一样，像1981年《嫦娥奔月》是京歌风格，木偶戏传统是搞京剧，从《嫦娥奔月》开始搞京歌。《琼花仙子》是歌舞剧，适合儿童看的歌舞剧。那么《三个和尚新传》就是为儿童服务的卡通剧，《白雪公主》是人偶剧。

造型艺术以后就是装置，装置有很多复杂的工序，造型仅仅是头部的形象，它的身体，现在大家看到这个是比较原始的，杖头木偶，中间的一根木棍，支撑木偶头部，另外两侧还有两根棍子，操纵木偶的双手，所以扬州木偶杖头木偶老百姓叫"三根棒"。杖头木偶它是一根主棍支撑身体，另外还有两个手扦子操作，一般钢丝的手扦。

木偶的动作艺术

木偶戏，它是一种动作的艺术。什么叫动作的艺术呢？因为它本身的表情有限，嘴巴动动，眼睛动动，面部肌肉动不了那怎么办？用一种动作来表现。我举个例子，比方说表现人物他非常高兴，他就是跳跃；表现伤心要哭，就用颜面抽泣动作来表现；表示生气呢，用叉腰来表示这种愤怒，也可以仰天长啸，用动作来弥补木偶本身的表演不足。

培养一个操纵演员，我们讲究四个字，怎么样操纵有一个标准叫"稳、正、直、平"，就是木偶举的时候一定要稳不能晃动；身体要正不能歪，不能东倒西歪那就不像人形了；动作正确，动作一定要准确；平就是水平线，不能高也不能低，因为咱们正常操纵有一个挡片，真人演员是看不到的，那么就是"稳、正、直、平"四个动作。另外要求木偶演员要做的"三功"，第一功就是举功，木偶举着，一个木偶有好几斤重，没有一点基本功举不了；第二捻功，捻功就是手扦子，捻功也是个绝活；再有一个台步功。实际上这个木偶有一副对联叫"有口无口口对口，是人非人人弄人"，木偶没有生命，完全靠我们演员赋予它生命，它的配音靠真人来给他配，它的形体动作靠我们真人的动作，木偶要靠我们演员才能真正地活起来，否则它就只能是一种无生命的造型。

我给大家介绍一下王芸老师表演的"变脸""喷火"绝活。王芸老师是国家一级演员、文化部金狮奖获得者，她也是扬州市劳动模范、人大代表，曾经到20多个国家进行表演。这个变脸是吸收川剧表演的一种特色，人表演川剧变脸可能大家看过，把它运用到木偶上面来以后，无论是速度，还是准确性都不逊于真人的表演，还可以喷火。喷火的这种表演应该说跟川剧可以相媲美，没有什么大的区别，应该说是非常精彩的剧目。王芸老师曾出访加拿大，当地观众看了王芸老师的表演后反映，"很震撼，非常震撼，木偶像真人，世界第一流艺术"。

誉满中外的扬州木偶

扬州杖头木偶已经誉满中外，咱们这个团在国内国外都很有影响，曾经参加国内许多重大艺术活动，三次参加中国艺术节，包括曾经在人民大会堂招待过国家元首。

扬州木偶戏历史比较长，文化底蕴比较深厚，曾经到40多个国家演出，欧洲、亚洲、澳大利亚、东南亚我们都去了，五大洲除了非洲没去过，其他都去了。应该说中国木偶在世界上很有地位，很有震撼力，无论从历史价值，还是艺术价值都是非常深厚的。

演讲时间：2010年6月1日